Paramahansa Yogananda
Religion als Wissenschaft

Paramahansa Yogananda

Paramahansa Yogananda

Religion als Wissenschaft

Vorwort von
Douglas Ainslie,
B.A., M.R.A.S.

Otto Wilhelm Barth Verlag

Der Titel der im Verlag Self-Realization Fellowship, Los Angeles, Kalifornien, erschienenen englischen Originalausgabe lautet:
The Science of Religion
(ISBN 0-87612-004-4 HC und 0-87612-005-2 Pbck)
Übersetzung aus dem Englischen: Self-Realization Fellowship

Erste Auflage der Neuausgabe 1996

Autorisiert durch
International Publications Council
Self-Realization Fellowship, USA

Inhaltsverzeichnis

Anhang

Dieses Buch ist dem verstorbenen ehrwürdigen Maharadscha Sri Manindra Tschandra Nandy von Kasimbasar in Bengalen – dem frommen und großzügigen Förderer vieler Reformbestrebungen und dem Schutzpatron des ersten Yogoda Satsanga-Internats für Knaben in Rantschi/Bengalen – in Liebe gewidmet.

Vorbemerkung des amerikanischen Herausgebers

Seit Paramahansa Yoganandas *Autobiographie eines Yogi* 1946 veröffentlicht wurde, haben seine Schriften in allen Teilen der Welt Anerkennung gefunden – sowohl beim literarisch orientierten und allgemeinen Publikum als auch bei seinen Anhängern. Daher überrascht es nicht, daß jetzt eine Anzahl von anderen Verlegern, Organisationen und Personen behauptet, seine Lehre zu vertreten. Einige gebrauchen den Namen dieses geliebten Weltlehrers, um ihre eigenen Gesellschaften oder Interessen zu fördern oder für sich selbst Anerkennung zu gewinnen. Andere veröffentlichen angeblich seine «ursprüngliche» Lehre, wobei es sich in Wirklichkeit um veröffentlichtes Material handelt, das von gelegentlichen Helfern bearbeitet wurde, oder um unvollkommene Notizen, die man während Paramahansa Yoganandas Unterricht niederschrieb. Paramahansaji war sehr unzufrieden mit der Zusammenstellung dieses Materials, das während seiner ersten Jahre in Amerika veröffentlicht wurde, als er oft monatelang auf Vortragsreisen war und wenig Gelegenheit hatte, ein Manuskript vor der Veröffentlichung selbst durchzusehen. Später überarbeitete er vieles davon und gab genaue Anweisungen, wie seine Schriften verbessert und klarer dargestellt werden sollten.

Manchmal erkundigen sich Leser, wie sie sicher sein

können, ob eine Veröffentlichung das Leben und die Lehre Sri Yoganandas richtig darstellt. Als Antwort darauf möchten wir erklären, daß Paramahansa Yogananda die *Self-Realization Fellowship* 1920 mit dem Vorsatz gegründet hat, daß sie seine Lehre in aller Welt verbreiten solle. Er wählte und schulte persönlich jene Personen aus seinem engen Jüngerkreis, die zum Redaktionsstab der *Self-Realization Fellowship* gehören, und gab ihnen genaue Anweisungen für die Veröffentlichung seiner Schriften, Vorträge und der Lehrbriefe der Selbst-Verwirklichung. Das Emblem, das Sri Yogananda selbst entworfen hat (siehe Seite 9) sowie der Vermerk *«Autorisiert durch International Publications Council, Self-Realization Fellowship»* garantiert die Echtheit eines Werkes und versichert den Leser, daß es sich um eine authentische Veröffentlichung handelt.

Self-Realization Fellowship

Wahrheitssucher, die an der Lehre Paramahansa Yoganandas und an seinen Lehrbriefen in deutscher Sprache interessiert sind, können einen kostenlosen Prospekt von der *Self-Realization Fellowship* anfordern (3880 San Rafael Avenue, Los Angeles, California 90065, USA).

Geleitwort

von Douglas Grant Duff Ainslie
(1865–1952)

(Englischer Staatsmann, Dichter und Philosoph; Vertreter des Internationalen Kongresses für Philosophie an der Harvard-Universität)

Dieses kleine Buch enthält den Schlüssel zum Universum.

Worte können seiner Bedeutung wohl kaum gerecht werden, denn hier werden zum ersten Mal, auf kleinem Raum zusammengedrängt, eine Auslese der *Veden* und *Upanischaden*, die Quintessenz der Lehre Patandschalis (des hervorragendsten Interpreten der Yoga-Philosophie und des Yoga-Systems) und die Gedanken Schankaras, des größten Geistes, der je in einem menschlichen Körper lebte, der Allgemeinheit zugänglich gemacht.

Dies ist die wohlüberlegte Behauptung eines Menschen, der schließlich, nach langem Suchen, im Orient die Lösung aller Rätsel des Lebens gefunden hat. Die Hindus haben der ganzen Welt die Wahrheit erschlossen. Und das ist nicht weiter verwunderlich, wenn wir bedenken, daß vor mehr als fünftausend Jahren, als die Vorfahren der Briten, Gallier, Griechen und Römer noch wahre Barbaren waren und in den dichten Wäldern Europas nach Nahrung jagten, der Hindu bereits über das Geheimnis des Lebens und des Todes nachsann, die, wie wir jetzt wissen, ein und dasselbe sind.

Im Gegensatz zur Philosophie des Abendlandes, wie sie von Bergson, Hegel u.a. vertreten wird, besteht das Wesentliche an der Lehre Paramahansa Yoganandas darin, daß sie nicht spekulativ, sondern praktisch ist, selbst dann, wenn es sich um die transzendenten Bereiche der Metaphysik handelt. Denn die Hindus sind das einzige Volk, das den Schleier des Geheimnisses gelüftet hat und jenes Wissen besitzt, das, genaugenommen, nicht philosophisch – d.h. weisheitsliebend –, sondern die Weisheit selbst ist. Jeder Versuch jedoch, dieses Wissen durch dialektische Methoden auszudrücken, unterliegt zwangsläufig der Kritik der Philosophen, die – wie Plato behauptet – ihr Leben damit zubringen, ständig zu diskutieren. Die Wahrheit läßt sich nicht in Worte fassen, selbst dann nicht, wenn es sich um die Worte eines Schankara handelt; spitzfindige Geister können immer noch eine Lücke entdecken. Das, was endlich ist, kann nun einmal nicht das Unendliche enthalten. Folglich kann man nur durch eigene Verwirklichung – durch Übungen oder Methoden, wie Paramahansa Yogananda sie lehrt – zu dieser Wahrheit gelangen, die über jeden Zweifel erhaben ist.

Alle Menschen sehnen sich nach Glückseligkeit, wie Paramahansa erklärt und auch beweist, aber die meisten lassen sich von dem Verlangen nach weltlichen Genüssen in die Irre führen. Buddha selbst hat mit aller Deutlichkeit erklärt, daß es die blinde Begierde ist, die in den Sumpf des Elends führt, in dem die Menschheit hilflos einherwatet.

Buddha hat jedoch nicht mit derselben Klarheit die

vierte der vier Methoden dargelegt, die zu dem von allen Menschen ersehnten Zustand der Glückseligkeit führt. Dieser vierte Weg ist bei weitem der leichteste; doch um ihn richtig befolgen zu können, bedürfen wir der Führung eines Sachverständigen. Dieser Sachverständige lebt nun unter uns, um den Ländern des Westens jene Techniken und einfachen Grundsätze zu vermitteln, die seit vielen Jahrhunderten von den ehrwürdigen Philosophen Indiens überliefert worden sind und zur Verwirklichung, d.h. zum Zustand immerwährender Glückseligkeit, führen.

Auf eine solch persönliche Beziehung haben die Hindus seit jeher den größten Wert gelegt, was in ihrem ganzen Leben und Denken zum Ausdruck kommt. Bis in unsere Zeit jedoch war sie nur denen vergönnt, die das Glück hatten, in Indien zu leben. Jetzt aber, wo sich die Gelegenheit hier im Westen, sozusagen unmittelbar vor unserer Tür, bietet, wäre es unklug, wenn wir es ablehnten oder versäumten, diese Methoden selbst auszuprobieren. Sie nur schon zu üben, ist ein beglückendes Erlebnis – «weit beglükkender als alle Freuden, die unsere fünf Sinne und unser Verstand uns je bereiten könnten», wie Paramahansa Yogananda wahrheitsgemäß erklärt. Er fährt fort: «Der einzige Beweis dieser Wahrheit, den ich geben will, ist der, den sich jeder Mensch selbst durch eigene Erfahrung liefern kann.»

Den ersten Schritt kann man tun, indem man dieses kleine Buch durchliest; dann werden die anderen Schritte, die zur Erlangung vollkommener Glückseligkeit nötig sind, ganz von selbst folgen.

Zum Abschluß möchte ich einige Verse aus meinem «Johannes von Damaskus» zitieren, in denen ich dichterisch das auszudrücken versucht habe, was mit diesem Buch erreicht worden ist. Es sind Worte des Buddha – und unser Buddha ist Paramahansa Yogananda, denn «Buddha» heißt soviel wie «Er, der weiß.»

Lange bin ich umhergeirrt, sang er, wie lange!
In zahllosen Leben lag ich gekettet,
Gequält von grausamen Schmerzen,
Verzehrt vom Feuer der Leidenschaft.

Dann fand ich die Ursache, sang er, die Ursache
Aller brennenden Wünsche.
Kein Haus, o göttlicher Baumeister,
Kein Haus sollst Du mir je wieder bauen.

Eingestürzt sind die Sparren am Dach,
Geborsten die hölzernen Balken,
Kein Haus mehr sollst Du mir bauen!
Mein, mein ist das ew'ge Nirwana,
So greifbar nahe vor meinem Blick!
In diesem Augenblick – so ich will –
Kann ich für immer Abschied nehmen,
Um ewige Seligkeit zu erlangen.
Und keine Spur von mir wird verbleiben
In dieser oder in jener Welt.

Doch liebe ich euch, ihr Menschen;
Um euch zu dienen, bleibe ich hier.
Mit eigenen Händen will ich die Brücke,

Die ihr überqueren sollt, bauen,
Die Brücke, die euch vom Land der Schmerzen,
Vom Kreislauf des Lebens und Todes
Ins Reich der ewigen Seligkeit führt.

Der Brückenbauer lebt unter uns. Eigenhändig wird er uns die Brücke bauen, wenn wir aufrichtig danach verlangen.

London
Februar 1927

Vorwort

Schon Jahrzehnte, ehe das gegenwärtige Interesse an der östlichen Psychologie und Religion erwachte, begann Paramahansa Yogananda (1893–1952) sein Lebenswerk, das darin bestand, Indiens zeitlose geistige Wissenschaft in die westliche Welt zu tragen. Im Jahre 1920 wurde er als Vertreter Indiens zu einer internationalen Tagung religiöser Führer in Boston in die Vereinigten Staaten eingeladen. Der Vortrag, den er bei dieser Gelegenheit hielt – seine Jungfernrede in Amerika – wurde bald darauf unter dem Titel *Religion als Wissenschaft* veröffentlicht. Seither ist das Buch in sieben Sprachen übersetzt worden und wird auch als Nachschlagewerk in höheren Schulen und Universitäten benutzt.

Religion als Wissenschaft ist eine höchst einfache und prägnante Darlegung des gemeinsamen Ziels aller echten Religionen und der vier wichtigsten Wege, die zur Erreichung dieses Zieles führen. Das Buch enthält eine universelle Botschaft, die nicht auf dogmatischen Glaubenssätzen beruht, sondern auf dem unmittelbaren Erleben der Wirklichkeit – gewonnen durch das Üben der seit alters bestehenden wissenschaftlichen Meditationstechniken.

Religion als Wissenschaft

Einführung

Zweck dieses Buches ist es, in groben Umrissen darzulegen, was unter Religion zu verstehen ist, damit man erkennen kann, wie allgemeingültig und notwendig sie vom praktischen Standpunkt aus ist. Außerdem soll der Leser mit einer Vorstellung von der Gottheit vertraut gemacht werden, die in jedem Augenblick seines Lebens einen unmittelbaren Einfluß auf seine Beweggründe und sein Handeln hat.

Es stimmt, daß Gottes Wesen unendliche Ausdrucksformen hat; und es stimmt auch, daß jeder Versuch, alle Seine Eigenschaften aufzuzählen – soweit sie der Vernunft entsprechen –, nur die Begrenztheit des menschlichen Geistes beweisen würde, der sich vergeblich bemüht, Gott zu ergründen. Und dennoch stimmt es, daß sich der Mensch nicht völlig mit dem, was begrenzt ist, zufriedengeben kann. Er hat einen natürlichen Drang, alles Menschliche und Begrenzte im Licht des Übermenschlichen und Unbegrenzten zu deuten – das, was er fühlt, aber nicht auszudrücken vermag, was innerlich verständlich ist, was sich aber unter gewissen Umständen nicht formulieren läßt.

Im allgemeinen stellen wir uns Gott als übermenschlich, unendlich, allgegenwärtig, allwissend usw. vor. Diese allgemeine Vorstellung hat viele Varianten. So glauben einige an einen persönlichen und andere an einen überpersönlichen Gott. Was in diesem Buch besonders zum Ausdruck gebracht werden soll, ist folgendes: Ganz gleich, was für eine Vorstellung wir uns von Gott machen, wenn sie keinen entscheidenden Einfluß auf unser tägliches Verhalten ausübt, wenn wir in unserem täglichen Leben keine Inspiration daraus gewinnen und wenn sie sich nicht als allgemein notwendig erweist, dann nützt uns diese Vorstellung nichts.

Wenn wir uns Gott nicht so vorstellen, daß wir ohne Ihn nichts unternehmen können, ob es sich um die Erfüllung eines Wunsches, um das Verhältnis zu unseren Mitmenschen, ums Geldverdienen, um Bücherstudium und Examensnöte, um die geringsten oder die höchsten Pflichten handelt, dann spielt Gott offensichtlich noch keine Rolle in unserem Leben.

Gott mag unendlich, allgegenwärtig, allwissend, persönlich und barmherzig sein, doch diese Vorstellungen sind nicht so zwingend, daß wir uns bemühen würden, Ihn zu erkennen. Wir können genausogut ohne Ihn auskommen. Er mag unendlich, allgegenwärtig usw. sein, doch in der Hetze unseres geschäftigen Alltags haben wir keine praktische und zwingende Verwendung für diese Vorstellungen.

Wir greifen nur dann auf diese Vorstellungen zurück, wenn wir in philosophischen oder dichterischen Werken, in der Kunst oder in idealistischen Gesprächen unsere unbestimmte Sehnsucht nach etwas Höherem zu rechtfertigen versuchen; wenn wir – trotz unseres rühmlichen Wissens – manche der alltäglichen Naturerscheinungen nicht erklären können oder wenn wir uns in dieser unbeständigen Welt nicht mehr zurechtfinden. «Wir beten zum Allmächtigen, wenn wir in der Klemme sitzen», lautet ein orientalisches Sprichwort. Sonst aber vergessen wir Ihn und scheinen in unserem Alltagsleben ganz gut ohne Ihn auszukommen.

Diese stereotypen Vorstellungen von Gott sind eine Art «Sicherheitsventil», das unseren angestauten Gedanken Erleichterung verschafft. Sie erklären Ihn, regen uns aber nicht dazu an, Ihn zu suchen; dazu mangelt es ihnen an Überzeugungskraft. Wir *suchen* Gott noch nicht, wenn wir Ihn unendlich, allgegenwärtig, allbarmherzig und allwissend nennen. Diese Vorstellungen befriedigen den Verstand, geben aber der Seele keinen Trost. Zwar können sie uns, wenn wir uns innerlich mit ihnen beschäftigen, geistig aufgeschlossener machen und uns zu einem sittlichen und gottesfürchtigen Leben anregen; aber sie können uns Gott nicht wirklich nahebringen; es fehlt ihnen an Innigkeit. Sie haben keine Beziehung zu unseren täglichen Problemen und rücken Ihn für uns in weite Ferne.

Solche Vorstellungen erscheinen uns unangebracht, wenn wir uns auf der Straße, in der Fabrik, hinter dem Ladentisch oder im Büro befinden. Und zwar nicht deshalb, weil wir unempfänglich für Gott oder religiöse Dinge sind, sondern weil wir keine rechte Vorstellung von ihnen haben – eine, die eng mit unserem täglichen Leben verwoben ist. Unsere Auffassung von Gott muß uns täglich, nein, stündlich innere Führung bedeuten; sie sollte uns dazu anregen, Ihn mitten im Alltag zu suchen. Das ist es, was wir unter einer praktischen und zwingenden Vorstellung von Gott verstehen. Wir sollten die Religion und Gott aus der Sphäre des Glaubens in die des täglichen Leben übertragen.

Wenn wir nicht erkennen, wie notwendig Gott in jeder Phase unseres Lebens – wie notwendig die Religion in jeder Minute unseres Daseins ist, dann verschwinden Gott und die Religion aus unserem täglichen Gesichtskreis und werden nur noch zu einer Angelegenheit, der man sich einmal in der Woche widmet. Im ersten Teil dieses Werkes soll gezeigt werden, daß wir jene Auffassung von Gott betonen müssen, die sich vor allem mit der Zielrichtung unserer täglichen und stündlichen Handlungen beschäftigt; sonst verstehen wir nicht, warum Gott und die Religion wirklich notwendig sind.

Dieses Buch soll außerdem auf die Universalität und Einheit der Religion hinweisen. In verschiedenen Zeitaltern haben sich verschiedene Religionen gebildet; und als Folge davon kam es zu heftigen Auseinandersetzungen, lang anhaltenden Glaubenskämpfen und viel Blutvergießen. Eine Religion verfolgte die andere, eine Sekte bekämpfte die andere. Und nicht genug damit, daß es so viele Religionen gibt, es haben sich innerhalb jeder Religion noch eine Vielzahl von Sekten und Anschauungen gebildet. Nun erhebt sich die Frage: Wenn es nur einen Gott gibt, warum muß es dann so viele Religionen geben?

Man könnte geltend machen, der unterschiedliche geistige Entwicklungsstand der Völker sowie ihre von der geographischen Lage oder anderen äußeren Umständen bestimmte Mentalität habe dazu geführt, daß verschiedene Religionen entstanden – z.B. der Hinduismus, der Islam und der Buddhismus bei den Asiaten und das Christentum bei den Europäern, usw. Wenn man unter Religion nur verschiedene Praktiken, Glaubensbekenntnisse, Dogmen, Bräuche und Gepflogenheiten versteht, dann wird es begreiflich, warum so viele Religionen nebeneinander bestehen. Wenn Religion aber *in erster Linie* Gottesbewußtsein bedeutet, d.h. innere und äußere Verwirklichung Gottes, *und in zweiter Linie* Glaubensbekenntnisse, Lehrsätze und Dogmen, dann gibt es, genaugenommen, nur eine Religion in der Welt, denn es gibt nur einen Gott.

Die verschiedenen Bräuche, Rituale, Glaubensbekenntnisse und Gepflogenheiten können als Ursache für die verschiedenen Bekenntnisse und Sekten angesehen werden, die alle zu der einen Religion gehören. Nur wenn man die Religion von dieser höheren Warte aus betrachtet, kann sie ihren allumfassenden Charakter bewahren; denn es wäre unmöglich, in der ganzen Welt dieselben Sitten und Bräuche einzuführen. Nur die wesentlichen Grundsätze, die alle Religionen miteinander verbinden, können Allgemeingültigkeit beanspruchen, d.h., man kann von jedem einzelnen verlangen, daß er sie befolgt. Dann kann man tatsächlich behaupten, daß die Religion nicht nur lebensnotwendig, sondern auch universell ist. Dann kann jeder derselben einen Religion angehören, weil das universelle Prinzip in allen Religionen ein und dasselbe ist.

In diesem Buch habe ich aufzuzeigen versucht, daß

es nur einen Gott gibt, der für uns alle notwendig ist, und deshalb auch nur eine notwendige und universelle Religion. Die Wege, die dorthin führen, mögen sich anfangs allerdings in gewisser Hinsicht unterscheiden. Tatsächlich ist es unlogisch zu behaupten, daß es zwei Religionen gibt, wenn es nur einen Gott gibt. Es mag zwei Konfessionen oder Sekten geben, aber nur eine Religion. Was wir jetzt als verschiedene Religionen bezeichnen, sollte als verschiedene Konfessionen oder Sekten innerhalb der einen universellen Religion gelten. Und was wir jetzt als verschiedene Konfessionen oder Sekten bezeichnen, sollte als verschiedene Kultgemeinschaften oder Bekenntnisse angesehen werden. Wenn wir einmal die Bedeutung des Wortes «Religion» richtig verstanden haben, worüber ich noch sprechen will, werden wir es sicher mit größerer Vorsicht anwenden. Es sind nur die begrenzten menschlichen Ansichten, die das zugrundeliegende universelle Prinzip in den sogenannten verschiedenen Religionen der Welt nicht erkennen. Und dieser Mangel an Einsicht hat großes Leid verursacht.

Dieses Buch deutet die Religion vom psychologischen Gesichtspunkt aus, ohne eine objektive, auf Dogmen oder Lehrsätzen beruhende Definition anzustreben. Mit anderen Worten: Die Religion wird als eine innere Angelegenheit betrachtet, die unser ganzes Wesen und Verhalten betrifft, und nicht nur als eine Befolgung gewisser Regeln und Vorschriften.

I. Die Universalität, Notwendigkeit und Einheit der Religion

Das gemeinsame Lebensziel

Zuerst müssen wir wissen, was Religion ist; erst dann können wir beurteilen, ob es notwendig für uns ist, religiös zu sein.

Ohne Notwendigkeit gibt es keine Handlung. Jede unserer Handlungen hat einen Zweck, um dessenwillen wir sie vollbringen. Die Menschen in der Welt handeln unterschiedlich, um verschiedene Ziele zu erreichen; und es gibt eine Unzahl von Zielen, welche die Handlungen der Menschen bestimmen.

Gibt es aber ein allen Menschen gemeinsames, universelles Ziel, das alle Handlungen in der Welt motiviert? Wenn wir die Beweggründe und Ziele des menschlichen Handelns genauer untersuchen, werden wir feststellen, daß die Menschen zwar zahlreiche naheliegende oder ferne Ziele verfolgen – je nach ihrer Berufung oder ihrem Beruf –, daß jedoch das Endziel, dem alle anderen Ziele untergeordnet sind, darin besteht, Schmerz zu vermeiden und immerwährende Glückseligkeit zu erlangen. Ob wir Leid auf immer vermeiden und Glückseligkeit erlangen können, ist eine andere Frage; doch die Tatsache bleibt bestehen, daß wir in all unseren Handlungen offensichtlich versuchen, Schmerz zu vermeiden und Freude zu gewinnen.

Warum tritt ein junger Mensch in die Lehre ein? Weil er einen bestimmten Beruf erlernen und es darin zur Meisterschaft bringen will. Warum widmet er sich diesem Beruf? Weil er damit Geld verdienen kann. Und warum will er Geld verdienen? Um seine eigenen und die Wünsche seiner Familie zu befriedigen. Und warum sollen Wünsche erfüllt werden? Weil man dadurch Schmerz beseitigen und Glück finden kann.

Glück und Glückseligkeit sind im Grunde nicht dasselbe. Unser eigentliches Ziel ist die Glückseligkeit, doch aufgrund eines schwerwiegenden Irrtums halten wir Glück oder Lust für Glückseligkeit. Wie das geschehen ist, werde ich sogleich erklären. Das höchste Ziel ist in Wirklichkeit die im Inneren erlebte Glückseligkeit, doch aufgrund unseres mangelhaften Verständnisses ist Glück – oder Lust – an ihre Stelle getreten, und die Lust wird als höchstes Ziel betrachtet.

Wir sehen also, daß die Erfüllung eines Wunsches, die Beseitigung eines körperlichen oder seelischen Schmerzes – vom geringsten bis zum größten – und die Erlangung von Glückseligkeit unser höchstes Ziel ist. Wir können nicht fragen, warum Glückseligkeit erlangt werden soll, denn darauf gibt es keine Antwort. Das ist nun einmal unser letztes Ziel, ganz gleich, was wir tun: ob wir einen Beruf erlernen, Geld verdienen, Freunde suchen, Bücher schreiben, Wissen erwerben, ein Königreich regieren, ein Vermögen verschenken, fremde Länder erforschen, nach Ruhm trachten, den Armen helfen, der Menschheit dienen oder den Märtyrertod sterben. Und wir werden sehen, daß die Suche nach Gott zu einer Tatsache für uns wird, wenn wir das wahre Ziel fest im Auge behalten. Es mag Abertausende von Vorstufen, Zwischenhandlungen und Beweggründen geben, doch das letzte Ziel bleibt sich immer gleich: immerwährende Glückseligkeit zu erlangen, selbst wenn ein langer Umweg damit verbunden ist.

Die meisten Menschen ziehen einen langen Umweg vor, um zum höchsten Ziel zu gelangen. Manche verüben sogar Selbstmord, um einem schmerzlichen Schicksal zu entgehen; andere begehen einen Mord, um ihre Begierden oder grausamen Triebe zu befriedigen, und bilden sich ein, daß sie dadurch Erleichterung oder Genugtuung finden, die sie irrtümlicherweise für Glückseligkeit halten. Bemerkenswert ist, daß auch hier (wenngleich auf widernatürliche Art) dasselbe Endziel angestrebt wird.

Manche mögen behaupten: «Mir liegt nichts an Lust oder Glück. Ich lebe nur meiner Aufgabe und wünsche mir nichts als Erfolg.» Und andere mögen sagen: «Ich will nur Gutes in der Welt tun und nehme auch Schmerzen in Kauf.» Wenn wir diesen Menschen aber auf den Grund ihrer Seele schauen, werden wir feststellen, daß sie dasselbe Ziel, nämlich Glück, anstreben. Wünschen sich jene etwa einen Erfolg, der ihnen keine Befriedigung oder Freude bringt? Wollen die anderen etwa Gutes tun, ohne daß es ihnen Freude macht? Ganz gewiß nicht. Sie nehmen gern körperliche Schmerzen und seelische Kränkungen auf sich, sie finden sich mit jeder schwierigen Lage ab, wenn es um den Erfolg geht oder wenn sie anderen Gutes erweisen können. Doch weil der eine im Erfolg große Befriedigung findet und der andere große Freude, indem er anderen Gutes tut – eben deshalb sucht der erste Erfolg, und der andere tut Gutes trotz der damit verbundenen Schwierigkeiten.

Auch der selbstloseste Beweggrund, die aufrichtigste Absicht, der Menschheit zu helfen, entspringt der uns eingeborenen Sehnsucht nach einem vergeistigten persönlichen Glück. Es handelt sich nicht um die Freuden eines engherzigen, egoistischen Menschen. Es ist die Freude eines weitherzigen Wahrheitssuchers, der sein «höheres Selbst» finden will, das dir und mir und allen innewohnt. Dieses Glück ist der Glückseligkeit nahe verwandt. Wenn ein selbstloser Mensch durch sein uneigennütziges Handeln nach Glückseligkeit strebt, kann man ihm nicht den Vorwurf versteckter Selbstsucht machen, denn er kann nicht eher wahre Glückseligkeit finden, als bis er großzügig genug ist, sie auch allen anderen Menschen zu wünschen und ihnen bei der Erreichung dieses Zieles zu helfen. Das ist ein universales Gesetz.

Eine allgemeingültige Definition des Begriffes der Religion

Verfolgen wir also die Beweggründe allen menschlichen Handelns immer weiter zurück, stellen wir fest, daß das Endziel stets dasselbe ist – die Beseitigung von Schmerz und das Erlangen von Glückseligkeit. Und da dieses Endziel allgemeine Gültigkeit hat, muß es auch als das allerwichtigste angesehen werden. Was aber allgemeingültig und von höchster Wichtigkeit für den Menschen ist, das wird zu seiner Religion. *Folglich besteht Religion im wesentlichen darin, Schmerzen für immer zu beseitigen und Glückseligkeit (oder Gott) zu erlangen.* Und alle Handlungen, die uns diesem Ziel näherbringen, werden religiöse Handlungen genannt. Wenn wir die Religion von dieser Warte aus betrachten, wird uns ihre Allgemeingültigkeit ohne weiteres einleuchten, denn keiner kann leugnen, daß er Leid ein für allemal beseitigen und immerwährende Glückseligkeit erlangen möchte. Dies muß allgemein zugegeben werden; niemand kann diese Wahrheit verneinen. Das ganze Dasein des Menschen ist untrennbar damit verknüpft.

Alle wollen aus Liebe zur Religion leben. Auch derjenige, der Selbstmord begeht, tut es nur, weil er die Religion liebt, denn er hofft, durch seine Handlung einen glücklicheren Daseinszustand zu erlangen, als es ihm im Leben möglich war. Auf jeden Fall will er sich von einem quälenden Leid befreien. In diesem Fall ist seine Religion primitiv, ist aber dennoch Religion. Sein Ziel ist unbedingt richtig; es ist dasselbe, das alle Menschen anstreben, denn alle sehnen sich nach Glück oder Glückseligkeit. Nur in der Wahl der Mittel handelt der Selbstmörder töricht; er weiß nicht, wie er sich das höchste Ziel der Glückseligkeit beschaffen kann.

In einer Hinsicht sind demnach alle Menschen religiös, weil alle bemüht sind, Mangel und Schmerzen zu beseitigen und Glückseligkeit zu finden. Jeder strebt dasselbe Ziel an. Im engeren Sinne jedoch gibt es nur einige wenige auf dieser Welt, die religiös genannt werden können, wenn sie auch dasselbe Ziel haben wie alle anderen; denn nur wenige kennen wirksame Methoden, die alles menschliche Leid – sei es körperlicher, geistiger oder seelischer Art – auf immer beseitigen und zu wahrer Glückseligkeit führen.

Der wahre Gottsucher hält sich nicht an eine starre orthodoxe Vorstellung von der Religion, obgleich eine solche Vorstellung weitläufig mit derjenigen, von der ich gleich sprechen will, zusammenhängt. Wenn Sie z.B. eine Zeitlang nicht zur Kirche oder zum Tempel gegangen sind oder an irgendwelchen rituellen Handlungen teilgenommen haben – auch wenn Sie im täglichen Leben religiös handeln, indem Sie ruhig, beherrscht, konzentriert und hilfreich sind und auch in den schlimmsten Prüfungen noch etwas Glück finden –, dann würden streng orthodoxe oder engherzige Menschen sagen, daß Sie zwar versuchen, gut zu sein, aber vom religiösen Standpunkt aus, oder in den Augen Gottes, «abgefallen» sind, weil sie nicht zu den Andachtsstätten gekommen sind.

Wenn es auch keinen triftigen Grund dafür gibt, sich für immer von diesen heiligen Stätten fernzuhalten, so kann man andererseits auch nicht mit Recht sagen, daß einer, nur weil er die Kirche besucht, religiöser sei, wenn er gleichzeitig die Grundsätze der Religion im täglichen Leben nicht befolgt – d.h., jene Grundsätze, die schließlich zur immerwährenden Glückseligkeit führen. Religion hat nichts mit Kirchen zu tun, noch ist sie von rituellen kirchlichen Handlungen abhängig. Wenn Sie innere Ehrfurcht empfinden, wenn Sie so leben, daß Ihr Bewußtsein immer von Glückseligkeit erfüllt ist, dann sind Sie außerhalb der Kirche genauso religiös wie in ihr.

Das soll natürlich nicht heißen, daß man der Kirche den Rücken kehren solle, denn sie kann in vieler Hinsicht helfen. Der springende Punkt hier ist, daß Sie sich außerhalb der Gottesdienste genauso bemühen müssen, ewiges Glück zu erlangen, wie wenn Sie in der Kirche sitzen und sich an einer Predigt freuen – obgleich aufmerksames Zuhören gut ist.

Die Religion «bindet» uns an Gesetze, die der Menschheit dienen

Das Wort «Religion» leitet sich vom Lateinischen *religare* ab, was soviel wie «binden» bedeutet. Was bindet nun, wer wird gebunden, und warum? Wenn wir alle orthodoxen Erklärungen beiseite lassen, so leuchtet uns ein, daß «wir» gebunden sind. Was bindet uns? Natürlich keine Ketten und keine Fesseln. Man kann sagen, daß die Religion uns nur durch Gesetze oder Gebote bindet. Und warum? Um uns zu Sklaven zu machen? Um uns das Recht des freien Denkens und Handelns zu verweigern? Das wäre vernunftwidrig. Da die Religion selbst einen edlen Zweck verfolgt, muß auch der Beweggrund des «Bindens» edel sein. Und was ist der Beweggrund? Die einzige vernünftige Antwort ist, daß sie uns durch Regeln, Gesetze und Gebote bindet, damit wir nicht moralisch verkommen, damit wir nicht körperlich, geistig und seelisch leiden.

Körperliche und geistige Leiden sind uns bekannt. Was aber sind seelische Leiden? Sie bedeuten, daß man in Unkenntnis des GEISTES lebt. Alle sterblichen Geschöpfe tragen ständig an diesem geistigen Leid (auch wenn sie sich dessen nicht bewußt sind), während körperliche und seelische Leiden kommen und gehen. Welch anderen Sinn des Wortes «binden» als den oben erwähnten können wir der Religion zuschreiben, der nicht unsinnig oder abstoßend wäre? Offensichtlich müssen andere mögliche Beweggründe diesem bereits genannten untergeordnet sein.

Stimmt nicht die bereits gegebene Definition von Religion mit der obengenannten Bedeutung des Wortes «binden» überein – ist das nicht die grundlegende Bedeutung von Religion? Wir haben bereits darauf hingewiesen, daß Religion z.T. darin besteht, alles menschliche Elend für immer zu verbannen. Religion kann aber nicht nur darin bestehen, irgendetwas – z.B. den Schmerz – zu beseitigen, sie muß auch bestrebt sein, irgendetwas anderes zu gewinnen. D.h., sie kann nicht nur negativen, sondern muß auch positiven Charakter haben. Wie könnten wir uns aber für immer von allem Leid befreien, ohne am Gegenteil – der Glückseligkeit – festzuhalten? Wenn auch Glückseligkeit nicht der genaue Gegensatz zu Leid ist, so ist sie auf jeden Fall ein positiver Bewußtseinszustand, an dem wir festhalten können, um uns von Leid zu befreien. Natürlich können wir nicht ständig in der Luft hängen und uns an ein neutrales Gefühl klammern, das weder Leid noch das Gegenteil von Leid ist. Religion besteht also nicht nur darin, Schmerzen zu vermeiden, sondern auch darin, Glückseligkeit (oder Gott) zu finden. (Daß Glückseligkeit und Gott im gewissen Sinne ein und dasselbe sind, wird noch später erklärt.)

Wenn wir also die ursprüngliche Bedeutung des Wortes «Religion» (Bindung) untersuchen, gelangen wir zu derselben Definition, zu der wir bei unserer Untersuchung der Beweggründe menschlichen Handelns gekommen sind.

Religion ist eine Angelegenheit der Grundsätze

Bei der Religion handelt es sich um eine Frage der Grundsätze. Wenn unser grundsätzlicher Beweggrund der ist, Glück oder Glückseligkeit zu suchen, wenn jede einzige Handlung von diesem höchsten Beweggrund bestimmt wird, müssen wir dann nicht sagen, daß diese Sehnsucht am tiefsten in der menschlichen Natur verwurzelt ist? Und was könnte uns eine Religion bedeuten, die keine Beziehung zu dieser tiefverwurzelten Sehnsucht des Menschen hat? Wenn die Religion irgendwelche Bedeutung in unserem Leben haben soll, muß sie an einen unserer stärksten Triebe appellieren. Das ist die Voraussetzung für die Religionsauffassung, die in diesem Buch vertreten wird.

Will man dagegen einwenden, daß es außer der

Sehnsucht nach dem Glück noch viele andere menschliche Triebe (den der Geselligkeit, der Selbsterhaltung usw.) gebe und daß man die Religion auch im Hinblick auf diese Instinkte deuten müsse, so lautet die Antwort, daß diese Instinkte entweder der Sehnsucht nach dem Glück untergeordnet oder so eng mit ihr verbunden sind, daß sie unsere Religionsauffassung nicht wesentlich beeinflussen.

Um noch einmal auf die zuvor erwähnte Feststellung zurückzukommen: *Der in unserem Leben vorherrschende Beweggrund, ganz gleich, um welchen es sich handelt, wird zu unserer Religion.* Wenn das Allgemeingültige und Notwendigste nicht zu unserer Religion wird, was sonst könnte es sein? Das, was nebensächlich und veränderlich ist, natürlich nicht. Wenn wir das Geld zu unserem höchsten Lebensziel machen, dann wird der Mammon zu unserer Religion, dann ist der «Dollar unser Gott». Was immer unser vorherrschendes Lebensziel ist, das wird zu unserer Religion.

Wir wollen hier die orthodoxe Deutung beiseite lassen, denn es sind unsere Gedanken und Taten – und nicht das verstandesmäßige Bekenntnis zu einem Dogma oder das Festhalten an religiösen Riten –, die unsere Religion bestimmen. Wir brauchen keinen Theologen oder Geistlichen, der unsere Religion oder Sekte beim richtigen Namen nennt; unsere Grundsätze und unser Handeln sind weit beredtere Zeugen.

Bezeichnend dabei ist, daß wir bei allem, was wir mit blinder Anhänglichkeit anbeten, nur einen Beweggrund haben. Wenn wir gut verdienen, gute Geschäfte abschließen, uns notwendige Dinge oder Luxusgegenstände anschaffen, so werden all unsere Handlungen letztendlich von einem tieferen Beweggrund motiviert: wir suchen diese Dinge, um Leid zu verbannen und Glück zu erwerben. Dieser grundlegende Beweggrund ist die wahre Religion der Menschheit; andere, untergeordnete Beweggründe bilden die Pseudo-Religionen. Wenn die Religion nämlich nicht vom universellen Standpunkt aus verstanden wird, verbannt man sie ins Wolkenkuckucksheim; oder man betrachtet sie als eine geeignete Ablenkung für das weibliche Geschlecht oder für die Alten und Schwachen.

Praktische Notwendigkeit einer Universalreligion

Wir haben also festgestellt, daß diese Universalreligion (d.h. eine Religion, die als etwas Allgemeingültiges verstanden wird) eine *praktische* Notwendigkeit ist. Es handelt sich um kein unnatürliches oder aufgezwungenes Bedürfnis. Im tiefsten Inneren wissen wir, wie unentbehrlich sie für uns ist, und doch sind wir uns dessen nicht immer voll bewußt. Andernfalls wäre das Leid schon längst aus der Welt verbannt worden. Denn das, was der Mensch als unbedingt notwendig ansieht, versucht er unter allen Umständen zu erreichen. Wenn z.B. das Geld von größter Wichtigkeit für ihn ist, damit er seine Familie versorgen kann, wird er vor keiner Gefahr zurückschrecken, um es zu beschaffen. Es ist bedauerlich, daß wir die Religion nicht für genauso wichtig halten. Statt dessen betrachten wir sie mehr oder weniger als eine Ausschmückung, nicht aber als einen wesentlichen Bestandteil menschlichen Daseins.

Es ist ebenfalls bedauerlich, daß der Mensch aufgrund schwerer Irrtümer irregleitet worden ist und der wahren Religion, wie wir sie soeben erläutert haben, eine untergeordnete Rolle zuweist, obgleich jeder einzelnde im Grunde religiös ist, weil er ständig danach strebt, seine Wünsche zu erfüllen und Glück zu finden.

Woran liegt das? Warum erkennen wir nicht ihre wahre Notwendigkeit, sondern betrachten sie als etwas Unwichtiges? Die Ursache liegt in den falschen Lebensgewohnheiten der Gesellschaft und in unserer Abhängigkeit von den Sinnen.

Es ist unsere Umgebung, die bestimmt, welche Dinge wir für lebensnotwendig halten. Wir müssen uns einmal klar machen, welchen Einfluß Personen und Umstände auf uns ausüben. Wenn man einen Abendländer «orientalisieren» will, braucht man ihn nur unter Asiaten leben zu lassen. Und wenn man einen Orientalen verwestlichen will, muß man ihn nach Europa schicken und beobachten, was geschieht. Das Ergebnis liegt auf der Hand, es ist sozusagen unvermeidlich: Der Mensch des Westens lernt die Sitten und Gebräuche, die Kleidung, Lebensgewohnheiten und Anschauungen der östlichen Welt schätzen, und der Mensch des Ostens lernt diejenigen des Westens lieben. Sogar der Maßstab der Wahrheit scheint sich zu ändern.

Doch in einer Sache werden die meisten Menschen übereinstimmen: daß das Leben in dieser Welt mit all seinen Sorgen und Freuden, mit seinen guten und schlechten Tagen lebenswert ist. Aber kaum einer erinnert uns an die Notwendigkeit einer Universalreligion, und so sind wir uns dieser gar nicht bewußt.

Nur selten erhebt sich ein Mensch über den engen Kreis, in den er hineingestellt ist. Was in seinem eigenen Interessenbereich geschieht, rechtfertigt er, befolgt er, ahmt er nach und hält er für das allein richtige Denken und Verhalten. Was jedoch jenseits seiner Interessensphäre liegt, findet er weniger wichtig oder ignoriert er ganz. Ein Rechtsanwalt z.B. wird alles, was mit juristischen Dingen zu tun hat, aufmerksam verfolgen und anderen Dingen weniger Beachtung schenken.

Die Notwendigkeit einer Universalreligion ist für die meisten etwas bloß Theoretisches, d.h. eine Sache des Verstandes. Sobald sie ein religiöses Ideal mit dem Verstand erfaßt haben, bilden sie sich ein, es bereits erreicht zu haben, und verstehen nicht, daß ihr Glück davon abhängt, ob sie auch danach leben und es verwirklichen können.

Wir begehen einen großen Irrtum, wenn wir praktische und theoretische Notwendigkeit miteinander verwechseln. Viele würden vielleicht mit ein wenig Nachdenken zugeben, daß die Universalreligion mit Sicherheit zum Vermeiden von Leid und zum Erlangen von Glückseligkeit führt; doch wenige verstehen, wie wichtig dieser praktische Aspekt der Religion ist.

2. Der Unterschied zwischen Leid, Lust und Glückseligkeit

Die entscheidende Ursache von Leid und Schmerz

Als nächstes müssen wir nun versuchen, die letzte Ursache aller seelischen, geistigen und körperlichen Leiden zu ergründen, weil die Universalreligion z.T. darin besteht, diese zu vermeiden.

Wir wissen aus eigener Erfahrung, daß wir uns bei all unserer körperlichen und geistigen Tätigkeit stets für die handelnde Kraft halten. Wir üben nämlich viele verschiedene Funktionen aus, wenn wir Dinge wahrnehmen, wenn wir denken, uns erinnern, fühlen, handeln usw. Hinter allen diesen Funktionen jedoch erkennen wir ein «Ich», ein «Selbst», das diese Funktionen dirigiert und das jetzt, in der Gegenwart, wesentlich dasselbe ist wie in der Vergangenheit.

In der Bibel heißt es: «Wisset ihr nicht, daß ihr Gottes Tempel seid und der Geist Gottes in euch wohnt?»[1] Als Individuen sind wir alle Widerspiegelungen des höchsten, glückseligen GEISTES, d.h. Gottes. Ebenso wie sich die eine Sonne viele Male in einer Anzahl von Wasserbecken widerspiegelt, so ist auch die Menschheit scheinbar in viele Seelen aufgeteilt, die sich in physische und mentale Körper kleiden und da-

1 1. Korinther 3,16

durch äußerlich von dem einen, allumfassenden GEIST getrennt sind. In Wirklichkeit aber sind Gott und Mensch eins, und die Trennung ist nur eine scheinbare.

Wenn es aber so ist, daß wir Widerspiegelungen des Unendlichen sind, warum vergessen wir dann diesen glückseligen Zustand völlig und müssen statt dessen so viel leiden? Die Antwort lautet, daß sich das geistige Selbst – aufgrund irgendeines Vorgangs – mit einem vergänglichen Körper und unsteten Geist identifiziert hat. Aufgrund dieser Identifizierung bemitleidet sich das geistige Selbst bei entsprechend ungesunden oder unangenehmen Zuständen und freut sich über Gesundheit und angenehme körperliche oder geistige Erlebnisse. Und so wird das geistige Selbst ständig durch diese wechselnden Zustände aus der Ruhe gebracht.

Nehmen wir einmal als Beispiel eine Identifizierung, die nur in der Vorstellung stattfindet: Eine Mutter, die sich zutiefst mit ihrem Kind identifiziert, empfindet schon bei der vermeintlichen oder wahren Nachricht, daß dieses gestorben sei, heftigen Schmerz, während sie solchen Schmerz nicht fühlt, wenn sie vom Tode eines Nachbarkindes erfährt, mit dem sie sich nicht identifiziert hat. Nun können wir verstehen, wie sich das Bewußtsein des Menschen verhält, wenn es sich um seinen eigenen Körper, und nicht nur um eine Vorstellung, handelt. *Die Wurzel unseres ganzen Elends liegt demnach in der Identifizierung mit unserem vergänglichen Körper und ruhelosen Geist.*

Nachdem wir eingesehen haben, daß die Identifizierung des geistigen Selbst mit seinem Körper und

Verstand die Hauptursache des Leidens ist, sollten wir nun die Ursache aller Leiden vom psychologischen Standpunkt aus untersuchen und feststellen, was der Unterschied zwischen Leid, Lust und Glückseligkeit eigentlich ist.

Die unmittelbaren Ursachen des Leidens

Aufgrund dieser Identifizierung scheint das geistige Selbst bestimmte geistige und körperliche Neigungen zu haben. Das Verlangen, diesen Neigungen nachzugeben, erzeugt ein Mangelgefühl, und dieses Mangelgefühl verursacht Leid. Es gibt natürliche und unnatürliche Neigungen; die natürlichen Neigungen erzeugen ein natürliches, und die unnatürlichen ein unnatürliches Verlangen.

Ein unnatürliches Verlangen kann mit der Zeit (durch die Macht der Gewohnheit) zu einem natürlichen Verlangen werden. Ganz gleich aber, um was für ein Verlangen es sich handelt, es verursacht immer Leid. Je mehr Wünsche wir also haben, um so schwieriger wird es, sie zu erfüllen, und je mehr Wünsche unerfüllt bleiben, um so größer das Leid. Wenn sich die Wünsche mehren, vergrößert sich auch das Leid. Wenn also die Wünsche keine Aussicht haben, bald erfüllt zu werden, oder wenn sich Hindernisse in den Weg stellen, entsteht sofort Leid.

Und was sind Wünsche? Nichts weiter als neue «Erregungszustände», in die sich der Geist selbst versetzt – eine Laune des Geistes, die gewöhnlich durch entsprechenden Umgang hervorgerufen wird. *Deshalb sind Wünsche oder häufige «Erregungszustände» des Geistes die Quelle allen Elends* und auch die Ursache unseres Fehlers, diese Wünsche selbst zu erzeugen und zu vermehren und sie dann durch Gegenstände befriedigen zu wollen, anstatt sie von vornherein einzuschränken.

Es mag den Anschein haben, daß Schmerzen auch dann entstehen können, wenn sich vorher kein Verlangen geregt hat – wenn man z.B. plötzlich verwundet wird. Doch in diesem Fall ist unser Wunsch, gesund zu bleiben, den wir bewußt oder unbewußt hegen und der sich in unserem ganzen Organismus kundtut, von der Verwundung durchkreuzt worden. Wenn also der Geist durch einen gewissen Wunsch in einen Erregungszustand versetzt wird und wenn der Wunsch nicht erfüllt oder beseitigt werden kann, führt das zu Leid.

Wenn unsere Wünsche einerseits Schmerz erzeugen, so rufen sie andererseits auch Lust hervor. Der einzige Unterschied besteht darin, daß im ersten Fall die Sehnsucht oder der Wunsch nicht erfüllt wird, während er im zweiten Fall durch bestimmte Gegenstände erfüllt zu werden scheint.

Doch diese angenehmen Erfahrungen, die dadurch entstehen, daß wir bestimmte Wunschgegenstände erhalten, sind nicht von Dauer, sondern vergehen wieder, und alles, was uns bleibt, ist die Erinnerung an jene Gegenstände, die den Mangel scheinbar beseitigt haben. Sobald daher die Erinnerung an diese Gegenstände wieder auflebt, entsteht dieselbe Sehnsucht, und wenn sie unbefriedigt bleibt, führt sie wiederum zu Leid.

Die Lust ist ein zweifacher Bewußtseinszustand

Der Zustand der Lust ist ein zweifacher Bewußtseinszustand. Einerseits besteht er in der freudigen Erregung, den gewünschten Gegenstand zu besitzen, und andererseits in dem befriedigenden Gefühl, daß der Schmerz, den das Verlangen nach diesem Gegenstand erzeugt hat, nun nicht mehr empfunden wird. Das heißt, sowohl Fühlen als auch Denken sind einbezogen. Es ist dieses «Kontrastbewußtsein» (daß ich Schmerz empfand, als ich den gewünschten Gegenstand nicht hatte, und daß ich nun keinen Schmerz mehr empfinde, weil ich den gewünschten Gegenstand besitze), das ein besonderes Lustgefühl im Menschen hervorruft.

Wir sehen also, daß dem Lustgefühl ein Wunsch vorangeht und daß die Erfüllung des Wunsches dabei eine Rolle spielt. Das Bewußtsein der Lust besteht demnach aus einem Wunsch und der Erfüllung dieses Wunsches. Es ist der menschliche Geist, der den Wunsch sowie dessen Erfüllung erzeugt.

Man begeht also einen Irrtum, wenn man wähnt, die Gegenstände an sich brächten Freude, und den Gedanken nährt, daß man durch ihren Besitz glücklich werden könne. Wenn es die Gegenstände selbst wären, die Freude bereiteten, würden alle Menschen ständig Gefallen an denselben Kleidern oder Nahrungsmitteln haben, was durchaus nicht der Fall ist.

Was wir *Lust* nennen, ist ein Produkt unseres Geistes – *ein illusorischer Erregungszustand, der von der Befriedigung eines bestimmten Wunsches und dem vorher erwähn-*

ten Kontrastbewußtsein abhängt. Je mehr man sich einbildet, daß einem ein bestimmter Gegenstand Freude bringen werde, und je heftiger man nach ihm verlangt, um so wahrscheinlicher ist es, daß man sich auf den Gegenstand selbst konzentriert, d.h., daß man Besitz für freudebringend hält und sein Fehlen als Mangel empfindet. Beide Bewußtseinszustände rufen letzten Endes Leid hervor.

Wenn wir unser Leid also wirklich verringern wollen, müssen wir uns allmählich von allen Wünschen und Sehnsüchten befreien. Wenn der Wunsch nach einem bestimmten Gegenstand, der unsere Sehnsucht befriedigen kann, ausgelöscht wird, entsteht auch kein täuschender freudiger «Erregungszustand» mehr, selbst wenn sich dieser Gegenstand dicht vor unseren Augen befindet.

Doch statt unsere Wünsche zu verringern, vermehren wir sie gewöhnlich noch und erzeugen bei der Erfüllung des einen Wunsches etliche neue, so daß wir sie schließlich alle erfüllen wollen. Hier ist ein Beispiel: Um Geldmangel zu beseitigen, gründen wir ein Geschäft. Um das Geschäft führen zu können, müssen wir uns auf zahllose Notwendigkeiten und Wünsche konzentrieren, die damit zusammenhängen. Jeder Wunsch und jede Notwendigkeit zieht wieder andere Wünsche nach sich, die unsere Aufmerksamkeit fordern.

Wir sehen also, daß sich das ursprüngliche Leid wegen des Mangels an Geld durch das Entstehen anderer Wünsche tausendfach vermehrt hat, weil immer wieder neue Wünsche hervorgerufen werden. Das heißt nun nicht, daß es schlecht oder unnötig sei, ein Geschäft zu führen oder Geld zu verdienen. Der springende Punkt hierbei ist, daß es unrichtig ist, ständig neue Wünsche zu erzeugen.

Verwechslung von Mittel und Zweck

Wenn wir aus irgendeinem Grunde Geld verdienen müssen, dann aber das Geld zu unserem Endzweck machen, beginnt unser Wahn. Dann wird das Mittel zum Zweck, und wir haben das eigentliche Ziel aus den Augen verloren. Und so beginnt unser Leid. In dieser Welt hat jeder gewisse Pflichten zu erfüllen. Wir wollen deshalb den früheren Vergleich wieder herbeiziehen.

Ein verheirateter Mann muß Geld verdienen, um seine Familie zu erhalten. Er macht ein Geschäft auf und kümmert sich um alle notwendigen Einzelheiten, die den Erfolg gewährleisten. Was geschieht nun nach einiger Zeit? Das Geschäft beginnt zu blühen und wirft vielleicht viel mehr Geld ab als zum Unterhalt der Familie nötig ist.

Nun geschieht folgendes: Entweder der Mann beginnt am Geld zu hängen und empfindet große Genugtuung dabei, ein Vermögen anzuhäufen, oder er bekommt Freude am Geschäft selbst und will es immer weiter vergrößern. Wir sehen also, daß in beiden Fällen das Mittel, das ursprünglich einen Bedarf decken sollte (was ja der Zweck war), zum Selbstzweck geworden ist: Geld oder das Geschäft ist nun das Ziel.

Es kann auch geschehen, daß neue und unnötige

Wünsche erzeugt werden und man sie durch «Dinge» zu befriedigen versucht. In all diesen Fällen schweift unsere Aufmerksamkeit von der Glückseligkeit ab (die wir, unserer Natur entspechend, mit Lust verwechseln, so daß diese zu unserem Ziel wird). Dann wird der Zweck, um dessentwillen wir ein Geschäft begonnen haben, weniger wichtig als die Bedingungen zu verbessern oder die Mittel zu mehren. Und dem Bestreben nach besseren Bedingungen oder mehr Mitteln liegt immer ein Wunsch zugrunde – ein erregendes Gefühl und auch die Erinnerung an die Freude, die einem ähnliche Bedingungen früher einmal verschafft haben.

Natürlich versucht man sich den Wunsch zu erfüllen, indem man diese Bedingungen schafft. Wird er erfüllt, entsteht Lust; wird er nicht erfüllt, entsteht Leid. Und da Lust, wie wir schon gesehen haben, aus einem Wunsch hervorgeht und an vergängliche Dinge gebunden ist, ruft es ein erregendes Schmerzgefühl hervor, wenn einem diese Dinge genommen werden. So beginnt unser Elend.

Um es kurz zusammenzufassen: Aus dem ursprünglichen Zweck des Geschäfts, einen bestimmten körperlichen Bedarf zu decken, ist ein Selbstzweck geworden – entweder das Geschäft selbst oder die Anhäufung eines Vermögens –, und manchmal erzeugt er auch neue Wünsche. Und weil diese uns Lust verschaffen, werden wir danach immer von Leid befallen, das – wie bereits erklärt – stets eine indirekte Folge von Lust ist.

Was auf das Geldverdienen zutrifft, gilt auch für

jede andere weltliche Tätigkeit. Immer wenn wir unser wahres Ziel aus den Augen verlieren – das in der Glückseligkeit oder der Lebensweise besteht, die schließlich zu diesem Zustand führt – und unser ganzes Augenmerk auf jene Dinge richten, die wir irrtümlicherweise für die Voraussetzungen der Glückseligkeit halten, und sie zu unserem Endzweck machen, nehmen unsere Bedürfnisse ständig zu, und wir befinden uns auf dem Weg, der ins Unglück führt.

Wir dürfen unser Ziel nie aus den Augen lassen; wir müssen unsere Wünsche im Zaum halten und dürfen sie nicht ständig vermehren, bis sie uns schließlich Leid bringen. Damit ist nicht gemeint, daß wir unsere wirklichen Bedürfnisse, die mit unserer Stellung in der Welt zusammenhängen, nicht befriedigen sollen. Auch dürfen wir keine Träumer und Phantasten werden, die ihre Lebensaufgabe nicht erkennen und nichts zum allgemeinen Fortschritt der Menschheit beitragen.

Zusammenfassend stellen wir fest, daß alle Schmerzen durch Wünsche und indirekt auch durch Lustgefühle hervorgerufen werden, die – Irrlichtern gleich – die Menschheit in den Sumpf der Begierde und des endlosen Elends locken.

Wir sehen also, daß Wünsche die Wurzel aller Leiden sind und dadurch entstehen, daß sich das Selbst mit Geist und Körper identifiziert. Deshalb müssen wir jedes *Haften an den Dingen ausmerzen, indem wir uns von jeder Identifizierung mit ihnen freimachen.* Wir brauchen nur die Stricke der Anhänglichkeit und Identifizierung zu durchschneiden. Gleichzeitig aber müssen wir auf der Bühne der Welt die Rolle spielen, die uns der göttliche Spielleiter übertragen hat – und zwar mit dem ganzen Einsatz unserer körperlichen, geistigen und seelischen Kraft. Innerlich jedoch müssen wir uns von Lust und Leid so wenig berühren und erschüttern lassen wie Schauspieler auf der Bühne.

Das Bewußtsein der Glückseligkeit entsteht, wenn wir uns nicht mehr mit dem Körper identifizieren

Sobald wir Gemütsruhe erlangt und uns von jeder Identifizierung freigemacht haben, beginnt das Gefühl der Glückseligkeit in uns aufzusteigen. Solange Sie Menschen sind, werden Sie notgedrungen auch Wünsche haben. Wenn Sie aber menschlich sind, wie können Sie dann Ihrer Göttlichkeit bewußt werden? Versuchen Sie zuerst, nur noch vernünftige Wünsche zu hegen; dann streben Sie allmählich immer höhere Ziele an und bemühen Sie sich ständig, das Bewußtsein der Glückseligkeit zu erlangen. Sie werden feststellen, daß sich die Bande, die Sie an persönliche Wünsche gefesselt halten, ganz von selbst lösen.

Haben Sie einmal den ruhenden Pol der Glückseligkeit erreicht, werden Sie schließlich ganz von selbst auf all Ihre unbedeutenden Wünsche *verzichten;* dann bleiben nur noch solche bestehen, die irgendein großes Gesetz Ihnen aufzuerlegen scheint. Deshalb sprach Christus. «Nicht mein, sondern Dein Wille geschehe!»[1]

1 Lukas 22, 42

Wenn ich behaupte, Glückseligkeit sei das Ziel aller Religionen, so meine ich damit nicht das, was man im allgemeinen unter Lust versteht, und auch nicht jene innere Befriedigung, die ein erfüllter Wunsch hervorruft und die uns in einen Zustand freudiger Erregung versetzt. Glückseligkeit bedeutet weder Gefühlsüberschwang noch Kontrastbewußtsein: «Weil ich den ersehnten Gegenstand erworben habe, fühle ich keinen Schmerz und Mangel mehr». Es ist ein Bewußtsein, in dem wir uns vollkommener Ruhe und tiefen Friedens erfreuen und nicht von dem Gedanken abgelenkt werden, daß der Schmerz nun hinter uns liege.

Folgendes Beispiel wird diesen Punkt näher erläutern: Ich habe mich verletzt und leide unter Schmerzen; wenn die Wunde geheilt ist, empfinde ich Freude darüber. Dieses freudige Bewußtsein besteht einerseits aus einer Gefühlsregung und andererseits aus dem stets wiederkehrenden Gedanken, daß ich die schmerzende Wunde nun nicht mehr fühle.

Wird dagegen ein Mensch, der im Zustand der Glückseligkeit lebt, verwundet, verliert er dadurch keineswegs seine innere Ruhe und braucht sie daher, nachdem er genesen ist, auch nicht wiederzugewinnen. Er weiß, daß er durch eine Welt schreitet, die aus Leid und Lust besteht, aber zu der er nicht wirklich gehört und die den friedlichen, glückseligen Zustand, in dem er ständig lebt, weder beeinträchtigen noch steigern kann. Dieser Zustand der Glückseligkeit ist frei von jeder Neigung und allen Erregungen, die mit Lust und Leid zusammenhängen.

Es gibt einen positiven und einen negativen Zustand der Glückseligkeit. Der negative besteht im Fehlen von Lust und Schmerz. Der positive besteht in einem Zustand erhabener Ruhe, einer Bewußtseinserweiterung, in der man «alles in Einem und Eines in allem» wahrnimmt. Dieser Zustand hat verschiedene Grade. Der aufrichtige Wahrheitssucher erhält einen kleinen Vorgeschmack davon, doch der Heilige oder Prophet ist ganz davon erfüllt.

Da die Ursache von Lust und Schmerz in unseren Wünschen zu suchen ist, sollten wir danach streben, alle Wünsche außer dem einen Wunsch nach Glückseligkeit, der unserer wahren Natur entspricht, zu verbannen. Da ferner alle unsere Errungenschaften, sei es auf wissenschaftlichem, sozialem oder politischem Gebiet, nur das eine Ziel verfolgen: Schmerzen zu beseitigen, warum sollten wir dann ein fremdes Element – die Lust – einführen, das uns den erhabenen Zustand der Glückseligkeit vergessen macht?

Wer sich guter Gesundheit erfreut, wird unweigerlich leiden, wenn er eines Tages krank wird, denn jede Freude ist von einem bestimmten Geisteszustand abhängig – in diesem Fall von dem Bewußtsein, gesund zu sein. Gute Gesundheit ist natürlich nicht zu unterschätzen, und es ist nicht verkehrt, sich darum zu bemühen. Was wir aber vermeiden müssen, ist, daß wir uns innerlich von ihr abhängig machen, denn dadurch nähren wir einen Wunsch, der letzten Endes immer Leid nach sich zieht.

Wir dürfen die Gesundheit nicht zum Selbstzweck machen, sondern sie uns nur deshalb wünschen, um unsere Pflichten besser erfüllen und unser Ziel schneller erreichen zu können. Es gibt Zeiten, wo die Gesundheit versagt und vom entgegengesetzten Zustand, dem der Krankheit, abgelöst wird. Glückseligkeit jedoch hängt von keinen inneren oder äußeren Umständen ab. *Sie ist der natürliche Zustand des* GEISTES. Man braucht also nicht zu befürchten, daß sie durch irgendein Ereignis beeinträchtigt werden könne. Sie bleibt sich immer gleich – in Erfolg und Mißerfolg, in Gesundheit und Krankheit, in Reichtum und Armut.

3. Gott als Glückseligkeit

Der allgemeine Beweggrund für alles Handeln

Die soeben gegebene Analyse der Zustände Schmerz, Lust und Glückseligkeit sowie die beiden nachfolgenden Beispiele werden meine Auffassung von der Gottheit und dem größten Bedürfnis des Menschen, auf die ich zu Anfang nur kurz eingegangen bin, näher erläutern.

Ich habe zu Beginn bemerkt, daß wir bei einer genauen Betrachtung aller menschlichen Handlungen immer denselben Beweggrund entdecken: das Vermeiden von Leid und das daraus folgende Streben nach Glückseligkeit (oder Gott). Den ersten Teil des Beweggrunds, das Vermeiden von Leid, können wir nicht ableugnen, wenn wir die Motive für alle guten und schlechten Handlungen in der Welt untersuchen.

Vergleichen wir einmal die nachstehenden beiden Fälle: einen Menschen, der aus Verzweiflung Selbstmord verüben will, und einen tief religiösen Menschen, der sich von allen weltlichen Dingen abgewandt hat. Offensichtlich versuchen beide, sich von etwas Quälendem zu befreien. Beide wollen ihrem Leid für immer entgehen. Ob es ihnen gelingt oder nicht, ist eine andere Frage; was jedoch den Beweggrund anbetrifft, herrscht völlige Übereinstimmung.

Werden aber alle menschlichen Handlungen auch *unmittelbar* von dem Wunsch nach Glückseligkeit (oder Gott) bestimmt, dem zweiten Teil aller Handlungsmotive? Hat sich ein Verbrecher etwa ewige Glückseligkeit zum Ziel gesetzt? Wohl kaum. Der Grund dafür ist bereits in der Erörterung von Lust und Glückseligkeit dargelegt worden. Wir haben festgestellt, daß das geistige Selbst infolge seiner Identifizierung mit dem Körper in die Gewohnheit verfallen ist, seine Wünsche zu befriedigen und neue Wünsche zu erzeugen, daß diese Wünsche, wenn sie nicht erfüllt werden, Leid hervorrufen und, wenn sie durch entsprechende Gegenstände befriedigt werden, Lust erzeugen.

Und hier begeht der Mensch seinen verhängnisvollen Irrtum. Wenn ihm ein Wunsch erfüllt wird, fühlt er freudige Erregung und richtet seine ganze Aufmerksamkeit auf den Gegenstand, der diese Erregung in ihm hervorruft, d.h., er hält diesen Gegenstand für die eigentliche Ursache seiner Freude. Dabei vergißt er, daß es zuerst der Wunsch war, der eine Erregung in seinem Geist hervorrief, und daß diese später durch eine andere geistige Erregung verdrängt wurde, nämlich durch die Freude über den Besitz des gewünschten Gegenstandes. In Wirklichkeit jedoch geschah nichts weiter, als daß eine Erregung die andere ablöste.

Äußere Gegenstände sind nur die Ereignisse, nicht aber die Ursachen. Ein armer Mann kann seinen Wunsch nach Süßigkeiten mit gewöhnlichen Bonbons befriedigen und dabei Lust empfinden, während ein reicher Mann sein Verlangen nach etwas Süßem vielleicht nur durch kostspieliges Gebäck befriedigen kann, wobei er aber keine größere Lust empfindet als der andere. Hängt Lust also von äußeren Gegenständen oder von einem bestimmten Geisteszustand ab? Zweifellos vom zweiten.

Lust ist jedoch, wie bereits erwähnt, ein Erregungszustand. Deshalb ist es nicht gutzuheißen, wenn man die durch Wünsche entstandene Erregung mit einer anderen Erregung, z.B. der Lust, vertreibt. Weil wir dies aber tun, nehmen die Wogen der Erregung kein Ende – hören unsere Schmerzen und Sorgen nie auf.

Nur das Bewußtsein der Glückseligkeit kann Erregungen wirksam beruhigen

Aus diesem Grund sollten wir eine durch Wünsche entstandene Erregung *zu dämpfen versuchen* und sie nicht durch die Erregung von Lust steigern. Völlig überwinden läßt sie sich jedoch nur im Bewußtseinszustand der Glückseligkeit. Dieser hat nichts mit Empfindungslosigkeit zu tun, sondern ist ein abgeklärter Geisteszustand, in dem man von Lust und Schmerz nicht mehr berührt wird. Jeder Mensch versucht, Glückseligkeit zu erreichen, indem er seine Wünsche befriedigt, begeht aber den Fehler, mit dem Gefühl der Lust vorliebzunehmen. Folglich nehmen seine Wünsche kein Ende, und er wird über kurz oder lang in den Strudel des Schmerzes gerissen.

Die Lust läßt sich mit einem unheilbringenden Irrlicht vergleichen. Und doch ist es dieses Verlangen nach Lust, das all unsere Handlungen motiviert. Es gleicht einer Fata Morgana in der Wüste. Da die Lust, wie zuvor erklärt, aus einem Erregungszustand sowie dem Kontrastbewußtsein besteht, daß der Schmerz nicht länger da ist, so streben wir diesen Zustand statt der Glückseligkeit an und sind auf dem besten Wege, uns kopfüber in einen sinnlosen Kreislauf zu stürzen, der in endloser Folge Lust und Schmerz bringt. Wir erleiden große Qualen, weil wir aus unserer falschen Sicht heraus Glückseligkeit mit Lust verwechseln.

Wir sehen also, daß die Menschen zwar das richtige Ziel verfolgen, das darin besteht, Leid zu vermeiden und Glückseligkeit zu finden, daß sie aber aufgrund eines verhängnisvollen Irrtums einem trügerischen Etwas nachlaufen, das sie Lust nennen und fälschlicherweise für Glückseligkeit halten.

Das wahre Lebensbedürfnis aber ist die Glückseligkeit und nicht die Lust, was indirekt dadurch bewiesen wird, daß kein Gegenstand der Lust den Menschen für immer befriedigen kann. Er jagt ständig einem anderen Phantom nach – Geld oder Garderobe, einem eigenen Heim oder Ehefreuden – ein Suchen, das nie zur Ruhe kommt. Und so erleidet er immer wieder Schmerzen, obgleich er sie durch Mittel, die er für geeignet hält, zu vermeiden versucht. Und immer bleibt eine unbewußte und unbefriedigte Sehnsucht in seinem Herzen zurück.

Der religiöse Mensch dagegen (das zweite Beispiel, das ich anführen will) ist immer bestrebt, die richtigen religiösen Mittel anzuwenden, um den Zustand der Glückseligkeit (oder Gott) zu erreichen.

Wenn ich behaupte, Gott sei Glückseligkeit, so

setze ich natürlich voraus, daß Er ewig existiert und daß Er sich Seines glückseligen Zustands auch *bewußt* ist. Wenn wir uns also ewige Glückseligkeit oder Gott wünschen, so versteht es sich von selbst, daß wir uns auch ein ewig währendes, unsterbliches, unveränderliches, ewig bewußtes Dasein wünschen. Wir haben bereits bei der Untersuchung der Beweggründe menschlichen Handelns *auf logische Weise* bewiesen, daß sich jeder Mensch, vom höchsten bis zum niedrigsten, Glückseligkeit wünscht.

Hier ist ein weiterer Beweis: Angenommen, ein höheres Wesen steige auf die Erde herab und verkünde allen Menschen: «Ihr lieben Menschen auf der Welt! Ich will euch ewiges Leben schenken, gleichzeitig aber auch ewiges Leid, wollt ihr diese Gabe annehmen?» Würde auch nur einer mit diesem Vorschlag einverstanden sein? Ganz gewiß nicht. Alle wünschen sich ewiges Leben *(Sat)* und gleichzeitig ewige Glückseligkeit *(Ananda)*. Das geht aus den Handlungsmotiven aller Menschen in der Welt hervor.

Auch möchte niemand gänzlich ausgelöscht werden. Schon bei der bloßen Vorstellung überfällt uns ein Schauder. Alle wünschen sich, ewig zu existieren *(Sat)*. Doch wünschen wir uns kein ewiges Dasein ohne Bewußtsein *(Tschit)*, denn wer würde in ewigen Schlaf versinken wollen? Alle wollen *bewußt* existieren.

Das heißt, wir wünschen uns ein *ewiges, glückseliges und bewußtes Dasein (Sat-Tschit-Ananda:* Dasein-Bewußtsein-Glückseligkeit). Das ist die hinduistische Bezeichnung für Gott. Aus praktischen Gründen jedoch betonen wir vor allem die Ausdrucksform Gottes als Glückseligkeit und unser Verlangen nach Glückseligkeit, ohne daß wir auf die beiden anderen Formen *(Sat* und *Tschit*, d.h. *bewußtes Dasein)* eingehen. (Ebenso werden weitere Ausdrucksformen Gottes hier nicht behandelt.)

Was ist Gott?

Was ist Gott nun eigentlich? Wenn Gott nicht gleichbedeutend mit Glückseligkeit wäre, wenn uns die Vereinigung mit Ihm kein Glück, sondern nur Leid brächte oder wenn Er uns nicht von unserem Leid befreien könnte, würden wir uns gewiß nicht nach Ihm sehnen. Denn wenn wir durch Gott nichts gewinnen können, haben wir auch kein Interesse an Ihm. Was sollen wir mit einem Gott anfangen, der uns ewig unbekannt bleibt und sich uns nicht wenigstens ab und zu einmal *im eigenen Inneren* offenbart?

Ganz gleich, was für einen Gottesbegriff unsere Vernunft formulieren mag, ob wir Gott für «transzendent» oder «immanent» halten, solange wir Ihn nicht wirklich erleben, bleibt Er nur eine verschwommene Vorstellung für uns. Wir wahren sogar einen «sicheren Abstand» von Gott und stellen Ihn uns vielleicht als eine Persönlichkeit vor oder vertreten lediglich die *Theorie*, daß Er in uns sei.

Eben weil unsere Vorstellungen so vage sind und es uns an wahrem Gotterleben mangelt, wissen wir nicht, wie nötig wir Ihn haben und worin der praktische Wert der Religion liegt. Graue Theorie oder verschwommene Vorstellungen haben keine Überzeugungskraft. Sie können keine tiefgreifende Änderung in unserem Leben bewirken und uns nicht dazu bewegen, Gott zu suchen.

Der Beweis für Gottes Existenz liegt in uns

Was sagt nun die Universalreligion über Gott aus? Sie behauptet, daß der Beweis für die Existenz Gottes in uns selbst liege und eine innere Erfahrung sei. Wahrscheinlich kann sich jeder an irgendeine Zeit seines Lebens erinnern, da er sich im Gebet oder in einem Gefühl tiefer Andacht von den Fesseln des Körpers löste und alle zwiespältigen Empfindungen (Lust und Schmerz, kleinliche Liebe und Haß) aus seinem Bewußtsein schwanden. In solchen Augenblicken ist unser Herz von reiner Glückseligkeit erfüllt, und wir erfreuen uns einer unerschütterlichen Ruhe, Seligkeit und Zufriedenheit.

Wenn solche Erlebnisse auch selten sind, so besteht doch kein Zweifel darüber, daß jeder Mensch irgendwann einmal – entweder im Gebet oder in der Meditation – einige Augenblicke ungetrübten Friedens genossen hat.

Liegt hierin nicht der Beweis für die Existenz Gottes? Kann es irgendeinen besseren unmittelbaren Beweis Seiner Gegenwart geben als das Erlebnis der Glückseligkeit im eigenen Inneren während eines echten Gebets? Zwar gibt es einen kosmologischen Beweis für die Existenz Gottes: aus der Wirkung folgern wir die Ursache, von der Welt gelangen wir zum

Schöpfer der Welt. Ferner gibt es den teleologischen Gottesbeweis: aus dem *Telos* (dem Ziel und Endzweck) der Welt schließen wir auf eine höchste Intelligenz, die das Ziel und den Endzweck bestimmt. Und dann gibt es noch den sittlichen Beweis: aus der Stimme des Gewissens und unserem Streben nach Vollkommenheit folgern wir ein vollendetes Wesen, dem wir uns verpflichtet fühlen.

Diese Beweise sind jedoch mehr oder weniger bloß das Ergebnis einer Schlußfolgerung. Die begrenzte Kraft unseres Verstandes kann uns keine vollkommene oder unmittelbare Erkenntnis Gottes bringen. Alles, was uns der Verstand vermitteln kann, ist Teilwissen, d.h. ein flüchtiger Einblick in das Wesen der Dinge. Betrachtet man eine Sache mit dem Verstand, sieht man sie nicht so, als ob man eins mit ihr wäre; man sieht sie als etwas von sich Getrenntes. Intuition jedoch, wie wir später noch näher erläutern werden, ist direktes Erfassen der Wahrheit. Durch Intuition kann man zum Bewußtsein der Glückseligkeit oder zu Gott gelangen.

Es besteht kein Zweifel darüber, daß Glückseligkeit gleichbedeutend mit Gott ist, denn sobald wir im Zustand der Glückseligkeit leben, fühlen wir, wie sich unser begrenztes Ich erweitert, wie wir uns über alle Gegensätze wie Zuneigung und Abneigung, Lust und Schmerz erheben und eine höhere Ebene erreichen, wo wir die Zwecklosigkeit und Unzulänglichkeit unseres gewöhnlichen Bewußtseins klar durchschauen.

Auch fühlen wir dann eine gewaltige Ausdehnung in unserem Inneren und ein harmonisches Verschmelzen mit allem, was da lebt. Der Tumult dieser Welt verstummt, alle Wellen der Erregung glätten sich, und das Bewußtsein des «alles in Einem und Eines in allem» dämmert in uns auf. Wunderbare Lichtvisionen werden uns zuteil. Alles Unvollkommene und Unzulängliche versinkt ins Nichts. Wir scheinen in eine andere Sphäre versetzt zu sein – an die Quelle ewiger Glückseligkeit, ewigen Daseins. Ist dieses Bewußtsein der Glückseligkeit daher nicht gleichbedeutend mit dem Bewußtsein Gottes, in dem man die oben erwähnten Erfahrungen macht?

Wenn Gott jedem einzelnen zugänglich gemacht werden soll, gibt es offensichtlich keine bessere Vorstellung von Ihm als das Erlebnis der Glückseligkeit. Dann ist Gott keine bloße Vermutung mehr, über die man verschiedene Theorien aufstellen kann. Dann können wir Ihn im eigenen Inneren erleben. Ist dies nicht eine erhabenere Vorstellung von Gott? Wir fühlen Ihn im eigenen Herzen – im Gebet und in der Versenkung – als die Glückseligkeit der Meditation.

Die Religion ist nur dann allgemein notwendig, wenn man Gott als Glückseligkeit erlebt

Nur wenn man sich diese Auffassung von Gott zu eigen gemacht hat und weiß, daß Er Glückseligkeit ist, kann die Religion zu einem allgemeinen Lebensbedürfnis werden. Denn niemand kann leugnen, daß er sich nach Glückseligkeit sehnt; und der richtige Weg, der ihn ans Ziel führt, besteht darin, «religiös» zu werden, d.h. Gottes beseligende Gegenwart im eigenen Herzen zu fühlen.

Wenn wir von diesem Bewußtsein der Glückseligkeit (oder Gottes) erfüllt sind, wird es in unserem ganzen Tun und Denken zum Ausdruck kommen. Dann werden wir auch besser beurteilen können, inwieweit das Handeln anderer Menschen religiös motiviert ist.

Wenn wir einmal erkannt haben, daß unsere Religion darin besteht, den Zustand der Glückseligkeit zu erreichen, daß dies unser höchstes Ziel ist, wird uns die Verschiedenheit der Konfessionen und Glaubensrichtungen sowie ihrer Gebote und Verbote nicht mehr verwirren. Dann werden wir verstehen, daß sie alle eine bestimmte Wachstumsphase verkörpern und, von diesem Standpunkt aus betrachtet, ihren Zweck erfüllen.

Im Licht dieser Wahrheit werden wir das Rätsel des Daseins lösen und alle Ereignisse unseres Lebens, alle Handlungen und Beweggründe richtig deuten können. Dann werden wir auch die Zwecklosigkeit äußerer Formen und starrer Dogmen erkennen, welche die Menschen so oft in die Irre führen und eine unüberbrückbare Kluft zwischen ihnen aufreißen.

Wenn wir Religion so verstehen, gibt es keinen Menschen mehr, der sie nicht befolgen könnte – ganz gleich, welchen Alters oder Standes er ist oder welchen Beruf er ausübt – ob er Student, Arbeiter, Rechtsanwalt, Arzt, Zimmermann, Gelehrter oder Philantrop ist. Wenn Religion darin besteht, jegliches Mangelgefühl zu beseitigen und Glückseligkeit zu erlangen, wer würde dann nicht versuchen, möglichst religiös zu sein, zumal ihm der richtige Weg dazu gezeigt wird?

Dabei kommt die Frage über die Verschiedenheit

der Religionen und ihrer Gründer (Christus, Mohammed, Sri Krischna) gar nicht auf. Jeder sieht sich dann ganz von selbst bewogen, religiös zu sein, und je besser seine Methoden sind, um so schneller wird er sein Ziel erreichen. Unterschiede zwischen Kaste, Konfession, Sekte, Glaubensbekenntnis, Kleidung, Klima, Alter, Geschlecht, Beruf und Stand spielen dann keine Rolle mehr, denn diese Religion ist universell.

Wollte man dagegen von allen Menschen verlangen, Sri Krischna als ihren alleinigen Erlöser anzuerkennen, würden die Christen und Mohammedaner dies wohl kaum akzeptieren. Oder würden sich die Hindus und Mohammedaner damit einverstanden erklären, Jesus als ihren Erlöser anzunehmen? Würden die Christen und Hindus Mohammed anerkennen?

Wenn man jedoch allen christlichen, islamischen und hinduistischen Gläubigen sagte: «Euer Herrgott ist ewig bestehende, ewig bewußte, ewig neue Glückseligkeit», müßten sie dies nicht zugeben? Könnten sie es überhaupt leugnen? Ist dies nicht der Zustand, nach dem sie sich alle sehnen und der all ihrem Leid ein Ende setzen kann?

Man kann diese Schlußfolgerung auch nicht mit dem Hinweis entkräften, daß die Christen, Hindus und Mohammedaner in Jesus, Krischna und Mohammed nicht ihren Herrgott, sondern nur den Vertreter Gottes, die menschliche Inkarnation der Gottheit, sehen. Was bedeutet das schon? Denn wir sind ja nicht in erster Linie an der körperlichen Erscheinung eines Jesus, Krischna oder Mohammed interessiert, noch an der geschichtlichen Rolle, die sie gespielt haben.

Auch verehren wir sie nicht deshalb, weil sie die Wahrheit auf anziehendere Weise und in anderen Worten als bisher verkündet haben. *Wir verehren sie, weil sie Gott kannten und erlebten.* Nur aus diesem Grund interessieren wir uns für ihre historische Rolle und für ihre mannigfaltigen Offenbarungen der Wahrheit.

Haben sie nicht alle Gott als Glückseligkeit erlebt, haben sie nicht alle ein heiliges und gottgefälliges Leben geführt? Ist dieses einigende Band nicht stark genug, abgesehen von anderen Ausdrucksformen der Gottheit und Wahrheit, die sie verwirklicht und offenbart haben? Sollten nicht die Christen, Hindus und Mohammedaner sich für die Propheten der anderen interessieren, weil sie alle Gottesbewußtsein erlangt haben? So wie in Gott alle Religionen vereint sind, so sind auch alle Propheten, die Gott als Glückseligkeit erlebt haben, in Seinem Bewußtsein vereint.[1]

1 Das Bewußtsein der Glückseligkeit wird ebenfalls in den sogenannten atheistischen Religionen hervorgehoben, so z.B. im Buddhismus. Das buddhistische *Nirwana* ist nicht, wie viele abendländische Schriftsteller irrtümlich annehmen, ein «Ausblasen des Lebenslichtes», ein Auslöschen des Daseins. Es ist im Gegenteil jener Zustand, in dem die begrenzte Individualität überwunden und die transzendente Stille des allumfassenden Daseins erreicht worden ist. Und genau das ist es, was man im höchsten Zustand der Glückseligkeit erlebt, auch wenn im Buddhismus der Name Gottes nicht damit in Verbindung gebracht wird.

In Gott oder dem Bewußtsein der Glückseligkeit findet unser geistiges Streben Erfüllung

Man sollte nun nicht denken, daß diese Vorstellung von Gott zu abstrakt sei und nichts mit unseren geistigen Hoffnungen und Bestrebungen zu tun habe, die eine Vorstellung von einem persönlichen Gott verlangen. Es handelt sich hier nicht um den üblichen Begriff eines überpersönlichen Gottes noch um die begrenzte Auffassung von einem persönlichen Gott.

Gott ist keine Person, der, wie uns, Grenzen gesetzt sind. Unser Dasein und Bewußtsein, unser Gefühl und Wille sind nur ein schwacher Abglanz Seines Wesens (Daseins), Seines Bewußtseins und Seiner Glückseligkeit. Im transzendentalen Sinn ist Er zwar eine Persönlichkeit. Doch während unser Sein, unser Bewußtsein und unser Gefühl begrenzt und von Sinneserfahrungen abhängig sind, ist das Seine unbegrenzt und übersinnlich. Er ist das Überpersönliche und Absolute, was aber nicht bedeutet, daß Er sich jenseits unseres Erfahrungsbereiches, besonders des inneren, befinde.

Wir nehmen Ihn in der inneren Stille wahr. Im Zustand der Glückseligkeit erleben wir Ihn. Es gibt keinen anderen unmittelbaren Beweis Seiner Existenz. Wenn wir Ihn als Glückseligkeit erleben, wird Er zum einzigen Gegenstand unserer Liebe und Hingabe, wird all unser Hoffen und Sehnen erfüllt.

Eine Vorstellung von einem persönlichen Gott, der nichts weiter ist als unser eigenes, vergrößertes Ich, kann uns wenig nützen. Gott kann alles sein oder werden. Er ist persönlich, überpersönlich, allgnädig, allmächtig usw. Doch brauchen wir uns dies nicht ständig zu vergegenwärtigen. Die Vorstellung, die wir im tiefsten Inneren von Ihm hegen, genau die ist es, die unsere geistige Entwicklung beschleunigt und uns am schnellsten an das Ziel unserer Hoffnung und Sehnsucht führt.

Wir brauchen nicht zu befürchten, daß uns diese Gottesvorstellung zu Träumern oder Phantasten macht, daß sie uns daran hindert, unsere Pflichten in der Welt zu erfüllen und Anteil an den Freuden und Schmerzen anderer zu nehmen. Wer Gott als Glückseligkeit sucht, darf seine weltlichen Pflichten nicht vernachlässigen. Er kann große Verantwortung tragen und dennoch Glückseligkeit fühlen, denn diese liegt auf einer anderen Ebene und wird von irdischen Dingen nicht berührt. Im Zustand der Glückseligkeit erheben wir uns zwar über die Freuden und Leiden dieser Welt, nicht aber über die Notwendigkeit, die uns übertragenen irdischen Pflichten zu erfüllen.

Wer Selbst-Verwirklichung erlangt hat, weiß, daß Gott der einzig Handelnde ist und daß ihm alle Kraft, die er zum Handeln braucht, von Gott zufließt. Wer in seinem wahren Selbst ruht, kann seinen eigenen Handlungen gleichmütig zuschauen – ganz gleich, was er sieht, hört, fühlt, riecht, schmeckt oder welch andere irdischen Erfahrungen er hat. Solche in Glückseligkeit versunkenen Menschen leben ganz im Einklang mit Gottes Willen.

Wer sich darin übt, sein Herz an nichts zu hängen, wird frei von allen Fesseln der Selbstsucht. Er weiß, daß er auf der Bühne der Welt steht und die ihm zugewiesene Rolle spielt, ohne innerlich von Wohl und Weh, von Liebe und Haß, die er in seiner Rolle zum Ausdruck bringen muß, beeinflußt zu werden.

Das große Drama des Lebens

Diese Welt kann in jeder Hinsicht mit einer Bühne verglichen werden. Der Regisseur sucht sich die Schauspieler für die Inszenierung eines Stückes aus. Er überträgt bestimmten Darstellern bestimmte Rollen und führt selbst die Regie. Den einen läßt Er einen König spielen, den anderen einen Minister, den dritten einen Diener, den vierten einen Helden usw. Der eine hat eine tragische Rolle zu verkörpern und der andere eine komische.

Wenn jeder seine Rolle nach den Anweisungen des Regisseurs spielt, wird das Stück mit all seinen komischen, ernsten und tragischen Rollen zu einem Erfolg. Selbst kleine Nebenrollen sind dabei von Bedeutung.

Der Erfolg eines Stückes hängt also von der vollendeten Darstellung jeder einzelnen Rolle ab. Ein guter Schauspieler spielt seine Rolle so realistisch, daß er scheinbar selbst davon mitgerissen wird. Innerlich jedoch bleibt er unberührt von ihr und den Leidenschaften, die er mimt: Liebe, Haß, Begierde, Bosheit Stolz, Demut.

Wenn sich aber ein Schauspieler mit den von seiner Rolle diktierten Situationen oder Gefühlen identifizierte, so daß er vergäße, wer er in Wirklichkeit ist, würde man sich über ihn lustig machen. Folgende kleine Geschichte soll dies näher erläutern:

Im Haus eines reichen Mannes wurde das Epos *Ramajana*[1] aufgeführt. Während des Spiels stellte es sich heraus, daß der Schauspieler fehlte, der die Rolle des Hanuman (eines Affen), eines Freundes und Begleiters Ramas[2], spielen sollte. In seiner Not griff sich der Regisseur einen häßlichen Einfaltspinsel mit dem Namen Nilkamal aus der Menge heraus und versuchte, ihn die Rolle des Hanuman spielen zu lassen.

Nilkamal weigerte sich zuerst, wurde dann aber gegen seinen Willen auf die Bühne geschoben. Seine häßliche Erscheinung rief stürmisches Gelächter im Publikum hervor, und alle begannen voller Übermut «Hanuman! Hanuman!» zu rufen.

Das war mehr, als Nilkamal ertragen konnte. Er vergaß, daß es sich nur um ein Spiel handelte, und stieß erbittert hervor: «Warum nennt ihr mich Hanuman, und warum lacht ihr? Ich bin nicht Hanuman! Der Regisseur hat mich einfach hierher gestellt!»

Unser ganzes Leben in dieser vielschichtigen Welt ist nichts als ein Spiel. Wir aber vergessen den großen Regisseur, nach dessen Anleitung wir spielen sollen, und fühlen alle Lust und alles Leid, alle Liebe und allen Haß als etwas Wirkliches – mit anderen Worten, wir lassen uns ganz von dem Spiel mitreißen und haben darunter zu leiden.

Das Spiel der Schöpfung ist ohne Anfang und ohne Ende. Jeder sollte seine Rolle, die ihm von dem großen Regisseur übertragen worden ist, willig spielen; er

1 Ein Drama, das auf dem alten Sanskrit-Epos gleichen Namens beruht. *(Anmerkung des Herausgebers)*

2 Die Hauptfigur im *Ramajana*. *(Anmerkung des Herausgebers)*

sollte nur den Erfolg des Spieles im Auge haben. D.h., er sollte traurig erscheinen, wenn er eine traurige Rolle spielt, oder sich freuen, wenn er eine angenehme Rolle erhält, doch er sollte sich in keiner Weise mit dem Spiel identifizieren.

Auch sollte sich niemand die Rolle eines anderen wünschen. Ein Stück, in dem jeder einen König spielt, würde seinen Sinn verlieren und uninteressant werden.

Wer im Zustand der Glückseligkeit lebt, wird *fühlen,* daß die Welt eine Bühne ist; er spielt seine Rolle so gut wie möglich, vergißt aber nie den großen Regisseur – Gott –, der all sein Handeln dirigiert.

4. Vier grundlegende religiöse Methoden

Die Notwendigkeit religiöser Methoden

In den Kapiteln eins bis drei haben wir festgestellt, daß die eigentliche Ursache all unserer Schmerzen und Begrenzungen in der Identifizierung mit unserem Körper und Geist zu suchen ist, daß wir wegen dieser Identifizierung Erregungszustände wie Schmerz und Lust durchmachen und fast abgestumpft gegen den Zustand der Glückseligkeit (des Gottesbewußtseins) sind. Wir haben ebenfalls festgestellt, daß das wesentliche Merkmal der Religion darin besteht, Schmerzen zu vermeiden und reine Glückseligkeit (oder Gott) zu erlangen.

Ebenso wie eine bewegte Wasserfläche das wahre Bild der Sonne nicht widerspiegeln kann, so können auch wir unser wahres, glückseliges Selbst – die Widerspiegelung des universellen GEISTES – nicht verstehen, solange wir uns mit den wechselhaften Zuständen des Körpers und Geistes identifizieren. So wie bewegtes Wasser das wahre Bild der Sonne entstellt, so entstellt auch ein durch Identifizierung gestörter Geisteszustand das wahre, ewig glückselige Wesen des inneren Selbst.

In diesem Kapitel sollen nun die einfachsten, praktischsten und wichtigsten Methoden besprochen werden, die jeder Mensch befolgen kann, um sich von jener verhängnisvollen Identifizierung mit seinem vergänglichen Körper und Geist frei zu machen und dadurch Leid zu vermeiden und wahre Glückseligkeit zu finden, worin die Religion ja besteht.

Die grundlegenden Methoden, die mit religiösen Handlungen zu tun haben, können daher als religiös betrachtet werden, denn nur durch jene kann sich das geistige Selbst von seiner Identifizierung mit Körper und Geist und deshalb auch von Leid befreien und immerwährende Glückseligkeit, oder Gott, erreichen.

Der «Gottessohn» und der «Menschensohn»

Wenn Christus sich als «Gottes Sohn» bezeichnete, so meinte er damit den universellen GEIST, der ihm innewohnte. Im Johannes-Evangelium, Kapitel 10, Vers 36, spricht Jesus von sich als dem, «den der Vater geheiligt und in die Welt gesandt hat», und sagte: «Ich bin Gottes Sohn.»

Doch zu anderen Zeiten nannte Christus sich «des Menschen Sohn», womit er seinen physischen Körper meinte, der von Menschen abstammt, d.h. das Fleisch, das von einem anderen menschlichen Körper geboren worden war. Im Matthäus-Evangelium, Kapitel 20, Vers 18–19, spricht Jesus zu seinen Jüngern: «Siehe, wir ziehen hinauf nach Jerusalem, und des Menschen Sohn wird den Hohenpriestern überantwortet werden ... und sie werden ihn überantworten den Heiden ... ihn zu kreuzigen.»

Im Johannes-Evangelium, Kapitel 3, Vers 5–6,

spricht Christus: «Es sei denn, daß jemand geboren werde aus Wasser [der Schwingung des *OM* oder *Amen*, dem Heiligen Geist, der unsichtbaren Kraft, welche die ganze Schöpfung aufrechterhält – d.h. Gott in Seiner immanenten Eigenschaft als Schöpfer] und Geist, so kann er nicht in das Reich Gottes kommen. Was vom Fleisch geboren wird, das ist Fleisch; und was vom Geist geboren wird, das ist Geist.» Diese Worte bedeuten, daß wir, solange wir nicht *über die Grenzen des Körpers hinausgelangen* und uns als GEIST erkennen, auch nicht in das Reich Gottes oder den universellen GEIST eingehen können.

Derselbe Gedanke wird in folgendem Sanskritvers aus den heiligen Schriften der Hindus zum Ausdruck gebracht: «Wer sich vom Körper lösen kann und sich als Geist erkennt, ist frei von allem Leid und lebt in ewiger Seligkeit.»

Es gibt nun *vier* grundlegende oder universelle religiöse Methoden; wer die eine oder andere im täglichen Leben anwendet, wird allmählich die ihm von Körper und Verstand auferlegten Fesseln abwerfen können. Diese vier Methoden schließen alle erdenklichen religiösen Übungen ein, die je von den großen Heiligen, Weisen und Propheten gelehrt worden sind.

Der Ursprung des Sektierertums

Ein Prophet schreibt den Menschen bestimmte religiöse Übungen vor, die gewöhnlich in Form einer Lehre zusammengefaßt werden. Menschen mit engem Gesichtskreis, die den wahren Gehalt seiner Lehre nicht erfassen, sehen jedoch nur deren exoterische oder äußere Bedeutung und halten schließlich nur noch an starren Regeln und liturgischen Überlieferungen fest. Dies aber führt unweigerlich zum Sektierertum.

Das Gebot, man solle am Sabbat von aller Arbeit ruhen, wurde derart ausgelegt, daß man sich jeder Tätigkeit, auch der religiösen, enthalten müsse. Hierin liegt die Gefahr der engstirnigen Auslegung. Wir müssen uns daran erinnern, daß wir nicht für den Sabbat erschaffen wurden, sondern der Sabbat für uns, daß wir nicht dazu da sind, den Regeln zu dienen, sondern daß die Regeln *uns* dienen sollen und daß sie sich in demselben Grade ändern, wie wir uns ändern. Wir müssen uns also an den Kern einer Regel halten und uns nicht dogmatisch an ihre äußere Form klammern.

Für viele ist der Wechsel von Sitten und Gebräuchen gleichbedeutend mit einem Übertritt von einer Religion zur anderen. Dabei ist der wesentliche Gehalt aller von den verschiedenen Propheten verkündeten Lehren der gleiche. Doch die meisten Menschen verstehen dies nicht.

Ebenso groß aber ist die Gefahr der einseitig intellektuellen Deutung. Menschen mit ausgeprägtem Intellekt versuchen, die höchste Wahrheit, die uns nur durch eigene Verwirklichung offenbart werden kann, allein mit dem Verstand zu erfassen. Verwirklichung ist etwas anderes als ein bloßes verstandesmäßiges Begreifen. Wir können unmöglich rein verstandesmäßig wissen, wie süß Zucker schmeckt, wenn wir ihn nie gekostet haben. Ebenso erwächst alle religiöse Erkenntnis nur aus echtem seelischen Erleben. Das vergessen wir oft, wenn wir uns bemühen, mehr über Gott und religiöse Dinge zu erfahren. Denn nur selten versuchen wir, dieses Wissen aus der Quelle unseres inneren Erlebens zu schöpfen.

Es ist bedauerlich, daß so viele hochintelligente Menschen, die guten Gebrauch von ihrem Verstand machen, um die Naturwissenschaften zu ergründen, der Meinung sind, daß auch die religiösen und sittlichen Wahrheiten mit dem Verstand erfaßt werden könnten. Wenn es darum geht, die höchste Wahrheit zu erkennen, ist ihnen ihr Intellekt oder ihre Vernunft leider oft keine Hilfe, sondern eher ein Hindernis; denn die höchste Wahrheit kann man nur dann erfassen, wenn man seine ganze Lebensweise entsprechend ändert.

Wir wollen nun näher auf die vier Wege eingehen, die uns dem religiösen Ziel näherbringen.

Erste Methode: Der Weg des Denkens

Die intellektuelle Methode ist der allgemein übliche und natürliche Weg, auf dem man jedoch nicht so schnell ans Ziel gelangt.

Die intellektuelle Entwicklung ist für alle vernunftbegabten Wesen etwas Selbstverständliches, etwas, das alle miteinander gemein haben. Was uns von den niedrigeren Tieren unterscheidet, ist unser Ichbewußtsein. Tiere haben zwar ein Bewußtsein, sind sich aber nicht ihrer selbst bewußt.

Ein Überblick über die verschiedenen Entwicklungsstufen zeigt uns, daß das anfängliche Bewußtsein im Laufe der Entwicklung zum Ichbewußtsein geworden ist, d.h., daß sich aus dem tierischen Bewußtsein die Ichvorstellung entwickelt hat. Da das Bewußtsein ständig bestrebt ist, sich zu befreien, d.h., sich durch sich selbst zu erkennen, wird es nach und nach zum Ichbewußtsein. Dieser Wandel ist entwicklungsbedingt und notwendig, und das ist auch der Grund für die allen Menschen gemeinsame Denktätigkeit. Auf diese Weise versucht das Selbst, das sich mit allen möglichen körperlichen und geistigen Zuständen identifiziert, allmählich und auf natürlichem Wege, durch sich selbst zu sich selbst zurückzufinden.

Das bewußte Denken ist eine der Methoden, mit denen sich das Selbst über die Grenzen des Körpers und Geistes zu erheben versucht. Daher ist es ganz natürlich für das geistige Selbst, zu versuchen, zu sich selbst zurückzufinden – seinen verlorenen Zustand wiederzugewinnen –, indem es sein Denken entwickelt; das entspricht der Evolution der ganzen Welt.

Der universelle GEIST offenbart sich in allen Entwicklungsstadien – den niederen wie auch den höheren. Stein und Erde haben kein Leben und Bewußtsein – jedenfalls nicht in dem Sinne, wie wir es verstehen. In den Bäumen finden wir vegetatives Wachstum – eine Lebensentfaltung, aber noch kein selbständiges Leben und kein bewußtes Denken. Die Tiere haben Leben und sind sich des Lebens auch bewußt. Der Mensch als höchstentwickeltes Wesen hat nicht nur Leben und Bewußtsein dieses Lebens, sondern ist sich auch des Selbst bewußt (d.h., er hat Selbst-Bewußtsein).

Es ist also natürlich für den Menschen, sich durch Denken und Urteilen, durch Bücherstudium, selbständige Forschungsarbeit und langwierige Untersuchungen der Ursachen und Wirkungen im Bereich der Natur weiterzuentwickeln.

Je tiefer ein Mensch nachdenkt, um so mehr macht er von jener «Methode» Gebrauch, durch die er im Laufe der Welt-Evolution zu dem geworden ist, was er ist (d.h. der Methode, durch die das Bewußtsein zum Ichbewußtsein wird), und um so näher kommt er, bewußt oder unbewußt, dem wahren Selbst, denn *sobald wir denken, erheben wir uns über den Körper.*

Wer diesem Weg beharrlich folgt, wird sichere Ergebnisse erlangen. Denkübungen, wie sie das wissenschaftliche Studium erfordert, entwickeln zwar das Ichbewußtsein, sind aber längst nicht so wirksam wie jene Denktätigkeit, die allein darauf hinzielt, den Körper zu überwinden und die Wahrheit zu erkennen.

In Indien bezeichnet man diesen Weg des Denkens in seiner höchsten Form als *Jnana-Yoga* – das Erwerben echter Weisheit durch innere Sammlung und Unterscheidungskraft, indem man sich z.B. ständig ermahnt: «Ich bin nicht der Körper. Das an mir vorüberziehende Drama der Schöpfung kann mein wahres Selbst nicht berühren. Ich bin GEIST.»

Ein Nachteil dieses Weges ist jedoch, daß sich der Mensch auf diese Weise nur sehr *langsam* höherentwickelt und viel Zeit braucht. Wenn er durch diese Methode auch sein Ichbewußtsein entfaltet, so wird sein wahres Selbst immer noch von vielen vorübergehenden Gedanken abgelenkt, zu denen es keine wirkliche Beziehung hat.

Ruhe des GEISTES ist etwas, was jenseits aller Gedanken und körperlichen Empfindungen liegt, obgleich sie – wenn man sie einmal erreicht hat – auf diese übergeht.

Zweite Methode: Der Weg der Hingabe

Dieser besteht darin, daß wir versuchen, unsere Aufmerksamkeit auf einen bestimmten geistigen Gegenstand zu richten und nicht auf eine Folge von Gedanken und Gegenständen (wie in der intellektuellen Methode).

Der Weg der Hingabe schließt alle Arten der Gottesverehrung ein (z.B. das Gebet, bei dem alle Gedanken an weltliche Dinge ausgeschaltet werden sollten). Das geistige Selbst soll sich in tiefer Ehrfurcht auf irgendetwas Geistiges konzentrieren – sei es die Vorstellung eines persönlichen Gottes oder die überpersönliche Allgegenwart des GEISTES. Wichtig ist vor allem, daß sich der Gottsucher *in vollem Ernst* auf seine Andachtsübungen konzentriert.

Durch diese Methode kann sich das Selbst allmählich von störenden Gedanken – die zweite Art der Ablenkung – freimachen und hat Zeit und Gelegenheit, in sich selbst über sich selbst nachzudenken. Wenn wir tief im Gebet versunken sind, vergessen wir alle körperlichen Wahrnehmungen und schalten automatisch alle störenden Gedanken aus, die unsere Aufmerksamkeit in Anspruch nehmen wollen.

Je inniger unser Gebet, um so größer die innere Befriedigung; und diese wird zum Prüfstein, anhand dessen wir feststellen können, ob wir dem Gott der Glückseligkeit nähergekommen sind. Wenn es uns gelingt, die körperlichen Empfindungen abzuschalten und die flüchtigen Gedanken im Zaum zu halten, wissen wir, daß diese Methode der vorhergehenden überlegen ist.

Jedoch hat auch dieser Weg gewisse Mängel und Schwierigkeiten. Da das geistige Selbst sich seit langem vom Körper abhängig gemacht hat und ihm sozusagen hörig geworden ist – eine tief verwurzelte, üble Gewohnheit –, fällt es ihm schwer, seine Aufmerksamkeit von den körperlichen und geistigen Wahrnehmungen abzuwenden.

Auch wenn man sich noch so sehr bemüht, zu beten und von Herzen andächtig zu sein, die Aufmerksamkeit wird erbarmungslos von den aufsässigen körperlichen Empfindungen und den aus der Erinnerung aufsteigenden flüchtigen Gedanken überfallen. Wenn wir beten wollen, sind wir oft ganz damit beschäftigt, die äußeren Bedingungen zu schaffen, die uns das Beten erleichtern sollen, und lassen uns nur allzu rasch von körperlichem Unbehagen ablenken.

Trotz unserer bewußten Anstrengungen tragen unsere schlechten Gewohnheiten, die uns zur zweiten Natur geworden sind, den Sieg über die Wünsche des Selbst davon. Gegen unseren Wunsch wird der Geist ruhelos, so daß man in abgewandelter Form zitieren kann: «Denn wo euer Geist ist, da wird auch euer Herz sein.» Es heißt, daß wir von ganzem Herzen zu Gott beten sollen; statt dessen aber werden Geist und Herz während des Betens von Sinneseindrücken und umherschweifenden Gedanken abgelenkt.

Dritte Methode: Der Weg der Meditation

Diese und die nachfolgende Methode sind rein wissenschaftlich; es handelt sich um eine praktische Schulung, wie sie von den großen Weisen, welche die Wahrheit in ihrem eigenen Leben verwirklicht haben, vermittelt wird. Ich selbst habe von einem solchen Weisen gelernt.

Diese Methoden sind weder geheimnisvoll noch gefährlich. Wenn man einmal richtig vertraut mit ihnen ist, wird man sie leicht meistern und sich von ihrem allgemeinen Wert überzeugen können. Das aus eigener Erfahrung gewonnene Wissen ist der beste Beweis für ihre praktische Anwendbarkeit.

Wenn wir uns täglich in der Meditation üben, bis sie zur festen Gewohnheit geworden ist, können wir uns in einen Zustand «bewußten Schlafs» versetzen. Dies ist der ruhige und wohltuende Zustand, den wir gewöhnlich kurz vor dem Einschlafen erleben, ehe wir in Bewußtlosigkeit versinken, und auch kurz nach dem Aufwachen, ehe wir zum Bewußtsein zurückkehren.

In diesem Zustand bewußten Schlafs haben wir vorübergehend alle Gedanken und körperlichen Wahrnehmungen abgeschaltet, und das Selbst hat Gelegenheit, über sich selbst nachzudenken; dabei erreicht es von Zeit zu Zeit einen glückseligen Zustand – je nachdem, wie tief und wie oft wir meditieren.

In diesem Zustand fühlen wir uns vorübergehend frei von allen körperlichen und geistigen Störungen, welche die Aufmerksamkeit des Selbst in Anspruch nehmen. Durch eine solche Meditation gewinnen wir also Herrschaft über die Sinne, weil wir dabei, ähnlich wie im Schlaf, die Empfindungsnerven zur Ruhe bringen.

Das ist aber erst der anfängliche und nicht der höchste Zustand der Meditation. Im bewußten Schlaf lernen wir nur unsere Sinne beherrschen. Der einzige Unterschied ist, daß im gewöhnlichen Schlaf die Sinne automatisch abgeschaltet sind, während sie in der Meditation durch unseren Willen überwacht werden.

In diesem anfänglichen Zustand der Meditation kann das Selbst jedoch noch leicht durch die autonomen und inneren Organe (wie Lunge und Herz) und andere Organe, von denen wir irrtümlicherweise annehmen, daß sie unserem Willen nicht unterliegen, abgelenkt werden.[1]

Wir müssen also eine wirksamere Methode als diese finden, denn solange das Selbst nicht willentlich alle körperlichen Wahrnehmungen – und auch die inneren, welche Gedanken erzeugen – abschalten kann, sondern empfänglich für diese Störungen bleibt, hat es

1 Es ist höchst selten, daß ein Mensch lernt, diese inneren Organe zur Ruhe zu bringen, eine Kunst, welche die großen Heiligen und Weisen meistern. Eben weil wir nicht glauben, daß sie unserem Willen unterliegen, überlasten wir sie, bis sie plötzlich streiken. Diesen plötzlichen Stillstand nennen wir «Tod» oder «Ewigen Schlaf».

keine Aussicht, Herrschaft über sie zu gewinnen und sich selbst zu erkennen.

Vierte Methode: Der wissenschaftliche Weg des Yoga

Paulus sprach: *«Ich sterbe täglich.»*[1] Damit meinte er, daß er Gewalt über seine inneren Organe hatte und sein Selbst willentlich vom Körper und Geist lösen konnte – ein Erlebnis, das dem durchschnittlichen, uneingeweihten Menschen erst im Tode zuteil wird, wenn das Selbst von der Last des verbrauchten Körpers befreit wird.

Unterzieht man sich dagegen einer regelmäßigen praktischen Schulung in dieser wissenschaftlichen Methode[2], kann man fühlen, wie sich das Selbst vom Körper löst, *ohne daß der Tod eintritt*.

Ich will hier nur einen allgemeinen Begriff vom eigentlichen Vorgang und von der wissenschaftlichen Theorie geben, auf die jener sich gründet. Was ich hier niederschreibe, beruht auf eigener Erfahrung. Und ich kann sagen, daß es allgemeingültig ist. Ich kann ebenfalls mit Sicherheit behaupten, daß jeder, der diese Methode anwendet, in immer größerem Maße jene Glückseligkeit fühlen wird, die, wie zuvor erklärt, un-

1 1. Korinther 15, 31

2 Die wissenschaftliche Methode, die hier und im restlichen Teil des Buches erwähnt wird, ist der *Kriya-Yoga*, eine uralte geistige Wissenschaft, die gewisse von Paramahansa Yogananda gelehrte Yoga-Meditationstechniken einschließt. Diese sind in den Lehrbriefen der *Self-Realization Fellowship* enthalten. *(Anmerkung des Herausgebers)*

ser höchstes Ziel ist. Schon das Üben an sich ist ein höchst beglückendes Erlebnis, weit beglückender als alle Freuden, die unsere fünf Sinne und unser Verstand uns bereiten könnten.

Der einzige Beweis dieser Wahrheit, den ich geben will, ist der, den jeder Mensch durch eigene Erfahrung liefern kann. Je mehr Geduld man aufbringt und je regelmäßiger man übt, um so mehr fühlt man sich im Zustand immerwährender Glückseligkeit verankert.

Unsere hartnäckigen schlechten Gewohnheiten jedoch ziehen uns gelegentlich noch auf die körperliche Ebene hinab und rufen Erinnerungen wach, die in diese Stille einbrechen. Doch kann ich jedem, der regelmäßig und lange genug übt, garantieren, daß er schließlich den übersinnlichen Zustand der Glückseligkeit erreichen wird.

Wir sollten uns aber nicht mit eingebildeten Resultaten zufriedengeben, was dazu führen kann, daß man das Üben schon nach kurzer Zeit wieder aufgibt. Um wirkliche Fortschritte zu erzielen, muß man folgende Voraussetzungen mitbringen: Man muß dem geistigen Lehrstoff seine ganze Liebe und Aufmerksamkeit schenken; man muß Wissensdurst und echten Forschergeist haben; und man muß beharrlich üben und so lange durchhalten, bis das ersehnte Ziel erreicht ist.

Wenn man auf halbem Wege stehenbleibt und sein Üben nach kurzer Zeit wieder aufgibt, können sich die ersehnten Ergebnisse nicht einstellen. Ein Anfänger auf dem geistigen Weg, der sich im voraus die Erlebnisse der großen Meister und Propheten vorzustellen versucht, gleicht einem Kind, das sich ein Bild von den wissenschaftlichen Kenntnissen eines Doktoranden machen will.

Es ist bedauerlich, daß die Menschen so viel Zeit und Kraft aufwenden, um sich materielle Sicherheit zu verschaffen oder um über theoretische Fragen zu diskutieren, es aber selten der Mühe wert halten, geduldig nach jener Wahrheit zu forschen, die nicht nur das Leben lebenswert macht, sondern ihm auch einen tiefen Sinn gibt. Ihre Aufmerksamkeit wird mehr von falschen als richtigen Zielen in Anspruch genommen.

Ich habe die oben erwähnte Methode viele Jahre lang geübt, und je länger ich sie übe, um so fester fühle ich mich im Zustand unerschöpflicher Glückseligkeit verankert.

Wir dürfen nicht vergessen, daß das Selbst viele Zeitalter hindurch Sklave des Körpers gewesen ist und daß wir es nicht von heute auf morgen befreien können; auch können wir den höchsten Zustand der Glückseligkeit und Herrschaft über die inneren Organe nicht durch flüchtiges, unmethodisches Üben erreichen. Wir müssen uns darauf gefaßt machen, daß es ein langer Weg bis zum Ziel ist, der viel Geduld von uns erfordert.

Doch eines steht fest: daß jeder, der diese Methode anwendet, einmal den Bewußtseinszustand reiner Glückseligkeit erlangen wird. Je mehr wir üben, um so schneller können wir uns diese Glückseligkeit zu eigen machen. Wenn nur alle, die sich nach Glückseligkeit sehnen, diese große Wahrheit selbst zu erleben versuchten, denn sie ist unser aller Eigentum! Dieser Zustand ist keine Erfindung. Wir besitzen ihn bereits, wir brauchen uns seiner nur bewußt zu werden.

Sie sollten sich dieser Wahrheit nicht verschließen, ehe Sie sie nicht auf die Probe gestellt haben. Vielleicht sind Sie es müde, sich weitere Theorien anzuhören, von denen Ihnen bisher keine im Leben geholfen hat. Dies aber ist keine Theorie, sondern erprobte Wahrheit. Ich möchte Ihnen eine Vorstellung von dem geben, was Sie tatsächlich erleben können.

Ich hatte das große Glück, diese erhabenen und wissenschaftlich fundierten Wahrheiten vor vielen Jahren von einem großen indischen Heiligen[1] zu lernen. Sie mögen sich fragen, warum ich Ihre Aufmerksamkeit so eindringlich auf diese Tatsache lenke, ob ich etwa einen selbstsüchtigen Beweggrund habe. Allerdings! Indem ich Ihnen diese Wahrheit vermittle, gewinne ich jene reine Freude, die aus dem Bewußtsein entsteht, anderen geholfen zu haben.

Physiologische Erklärung der wissenschaftlichen Methode

Nun möchte ich etwas näher auf die physiologischen Vorgänge eingehen, um diese Methode wenigstens in großen Zügen verständlich zu machen. Es handelt sich um die Tätigkeit von lebenswichtigen Zentren und um die elektrischen Ströme, die vom Gehirn in diese Zentren und von dort in die äußeren (Sinnes-) und inneren Organe geleitet werden und sie mit vibrierendem Leben erfüllen.

Es gibt sechs lebenswichtige Zentren, durch die das

1 Swami Sri Yukteswar, der Guru von Paramahansa Yogananda. *(Anmerkung des Herausgebers)*

Prana (der Lebensstrom oder die lebenspendende Elektrizität)[1] vom Gehirn auf das ganze Nervensystem verteilt wird. Diese sind:

1. das Zentrum des verlängerten Marks
2. das Nacken-Zentrum
3. das Rücken-Zentrum
4. das Lenden-Zentrum
5. das Kreuzbein-Zentrum
6. das Steißbein-Zentrum

Das Gehirn (das höchste Zentrum) ist das elektrische Kraftwerk. Alle Zentren stehen miteinander in Verbindung und werden von diesem höchsten Zentrum (den Gehirnzellen) aus gesteuert. Die Gehirnzellen entladen den Lebensstrom, d.h. die Elektrizität, in diese Zentren, welche ihrerseits die verschiedenen motorischen und sensorischen Nerven mit Elektrizität versorgen; und diese wiederum veranlassen die jeweiligen Bewegungsimpulse oder Sinnesempfindungen (Tasten, Sehen usw.).

Dieser vom Gehirn ausgehende elektrische Strom bestimmt das Leben des ganzen Organismus (der inneren und äußeren Organe), und durch dieses elektrische Medium erreichen alle unsere Sinneswahrnehmungen das Gehirn und rufen Gedanken hervor.

Wenn nun das Selbst die störenden körperlichen Wahrnehmungen (die auch Gedankenassoziationen erzeugen) ein für allemal ausschalten will, muß es Ge-

1 Die intelligenzbegabte Energie (*Prana* oder Lebenskraft), welche feiner als die Atomenergie ist und das Leben im Körper in Gang bringt und aufrechterhält. *(Anmerkung des Herausgebers)*

walt über die elektrischen Ströme haben und diese vom ganzen Nervensystem in die sieben lebenswichtigen Zentren (das Gehirn mit einbezogen) zurückziehen – ein Vorgang, der den äußeren und inneren Organen vollkommene Ruhe verschafft.

Im Schlaf wird die elektrische Verbindung zwischen Gehirn und Sinnesorganen teilweise unterbrochen, so daß die Sinnesempfindungen (Ton, Berührung usw.) das Gehirn nicht erreichen. Weil diese Unterbrechung aber nicht vollständig ist, kann ein starker Anreiz von außen die Verbindung wieder herstellen, so daß die Empfindung ins Gehirn dringt und den Menschen aufweckt. Die inneren Organe (Herz, Lunge u.a.) werden jedoch auch während des Schlafs ständig mit einem elektrischen Strom versorgt, damit sie weiterarbeiten können.

Das Üben der wissenschaftlichen Methode befreit von körperlichen und geistigen Ablenkungen

Da das Abschalten der elektrischen Lebenskraft während des Schlafs nicht vollkommen ist, können körperliches Unbehagen, Krankheit oder starke Anreize von außen eine Störung verursachen. Mit Hilfe einer bestimmten wissenschaftlichen Methode, die hier nicht näher erläutert werden soll, kann man sowohl die äußeren als auch die inneren Organe vollkommen in seine Gewalt bekommen. Das jedenfalls ist das Endergebnis dieser Übungsmethoden, wenn es auch viele Jahre dauern mag, ehe man eine derartige Herrschaft über den Körper erlangt hat.

Ähnlich wie die äußeren Organe durch den Schlaf, der ja Ruhe bedeutet, erfrischt werden, so werden auch die inneren Organe nach einer entsprechenden Ruhepause (wie man sie durch diese wissenschaftliche Übungsmethode erreicht) neu belebt; und das bedeutet erhöhte Leistungsfähigkeit und eine längere Lebensdauer.

Niemand fürchtet sich vor dem Einschlafen, einem Zustand, in dem die Sinne untätig sind, und ebensowenig braucht man sich vor dem «bewußten Sterben» zu fürchten, das die inneren Organe stillegt und uns zu Siegern über den Tod macht. Wenn dann die Zeit kommt, da dieser Körper verbraucht ist, werden wir in der Lage sein, ihn aus freien Stücken zu verlassen. «Der letzte Feind, der vernichtet wird, ist der Tod.»[1]

Man kann diesen Vorgang an folgendem Beispiel erläutern: Solange die Telefondrähte der verschiedenen Stadtteile mit dem städtischen Fernamt verbunden sind, können die Menschen aus diesen Stadtteilen (kraft des elektrischen Stroms, der durch die Verbindungsdrähte fließt) jederzeit – auch gegen den Wunsch der Fernsprechverwaltung – Botschaften an die Zentrale schicken. Wenn das Fernsprechamt jegliche Telefonverbindung mit den verschiedenen Stadtteilen unterbinden will, muß es den elektrischen Hauptschalter ausdrehen, damit kein Strom mehr durch die Drähte fließen kann.

Ganz ähnlich verhält es sich mit der wissenschaftlichen Methode, die es uns ermöglicht, den Lebens-

1 1. Korinther 15, 26

strom, der über die Organe und anderen Körperteile verteilt ist, in unsere *Zentrale* (Wirbelsäule und Gehirn) zurückzuziehen. Der Vorgang besteht in einem Magnetisieren der Wirbelsäule und des Gehirns (welche die sieben lebenswichtigen Zentren beherbergen), wodurch der über den ganzen Körper verteilte Lebensstrom in die ursprünglichen Kraftzentren zurückgezogen und als Licht erlebt wird. Wenn dieser Zustand erreicht ist, kann man alle körperlichen und geistigen Zerstreuungen bewußt ausschalten.

Das Selbst kann also, um bei diesem Beispiel zu bleiben, auch gegen seinen Willen durch Telefonanrufe gestört werden, und zwar von den Gedanken (den «Vornehmen») und den Körperempfindungen (den «gewöhnlichen Leuten»). Um die Verbindung mit ihnen abzubrechen, braucht das Selbst nur den elektrischen Strom, der durch die Telefondrähte in die Zentrale seines Hauses fließt, zu unterbinden, indem es den Schalter abdreht (d.h. indem es die vorher erwähnte Methode anwendet).

Es ist die Aufmerksamkeit, welche die Energie lenkt und verteilt und den elektrischen Lebensstrom aus dem Gehirn in die sensorischen und motorischen Nerven sendet. Wenn wir z.B. eine lästige Fliege fortscheuchen, leiten wir mit der Aufmerksamkeit elektrischen Strom durch die motorischen Nerven und rufen dadurch die gewünschte Handbewegung hervor. Ich führe dieses Beispiel an, um eine Vorstellung von jener Kraft zu geben, durch die man den elektrischen Strom des Körpers in seine Gewalt bekommen und in die sieben Zentren zurückziehen kann.

Diese sieben sternähnlichen (astralen) zerebrospinalen Zentren und ihre geheimnisvolle Funktion werden in der Bibel, im Buch der *Offenbarung,* erwähnt. Als Johannes die Siegel der verborgenen sieben Zentren öffnete, stieg die Erkenntnis in ihm auf, daß er selbst GEIST sei. «Schreibe, was du gesehen hast . . . Das Geheimnis der sieben Sterne.»[1]

Fortwährendes Üben der wissenschaftlichen Methode führt zum Bewußtsein der Glückseligkeit, d.h. zu Gott

Abschließend möchte ich noch etwas über die Bewußtseinszustände schreiben, die man erreichen kann, wenn man den elektrischen Strom *völlig* in seiner Gewalt hat. Zuerst hat man eine höchst angenehme Empfindung in der Wirbelsäule, wenn man sie magnetisiert. Und bei fortdauerndem, längerem Üben erreicht man einen Zustand bewußter Glückseligkeit, der jede körperliche Erregung neutralisiert.

Dieser glückselige Zustand ist unser aller Ziel – ein Ziel, das wir als lebensnotwendig bezeichnet haben, weil wir uns in diesem Zustand wirklich Gottes bewußt sind und eine Ausdehnung unseres wahren Selbst fühlen. Je öfter wir dies erleben, um so schneller überwinden wir unsere begrenzte Individualität und erreichen den Zustand der Universalität, und um so inniger wird unsere Verbindung mit Gott.

Religion ist in Wirklichkeit nichts anderes als das Aufgehen der Persönlichkeit in der Allgemeinheit.

1 Offenbarung 1, 19; 20

Wer sich daher in diesem glückseligen Bewußtseinszustand befindet, hat die höchste Stufe der Religion erklommen. Er hat die ungesunde Atmosphäre der Sinne und vagabundierenden Gedanken hinter sich gelassen und die Region himmlischer Glückseligkeit erreicht.

Wenn wir es also durch beharrliches Üben so weit gebracht haben, daß dieser glückselige Bewußtseinszustand Wirklichkeit für uns geworden ist, leben wir ständig in der heiligen Gegenwart des glückseligen Gottes. Dann können wir auch unsere Pflichten besser erfüllen, denn wir lenken unsere Aufmerksamkeit mehr auf die Pflicht selbst als auf unser Ich mit all seinen Lust- und Schmerzgefühlen. Dann können wir das Rätsel des Daseins lösen und unserem Leben einen wahren Sinn geben.

In allen Religionen, sei es im Christentum, Islam oder Hinduismus, wird besonders eine Wahrheit hervorgehoben: Solange der Mensch nicht erkannt hat, daß er GEIST – die Quelle aller Glückseligkeit – ist, lebt er innerhalb der Grenzen seiner irdischen Vorstellungen und ist den unerbittlichen Naturgesetzen unterworfen. Erkenntnis seines wahren Wesens bringt ihm ewige Freiheit.

Wir können Gott nur dadurch erkennen, daß wir uns selbst erkennen, denn unser wahres Wesen gleicht dem Seinen. Gott erschuf den Menschen sich zum Bilde. Wenn Sie die hier erwähnten Methoden lernen und gewissenhaft üben, werden Sie sich selbst als glückseligen GEIST erkennen und Gott verwirklichen können.

Die in diesem Buch behandelten Wege schließen alle denkbaren Methoden ein, die zur Verwirklichung Gottes führen, nicht aber die Tausende und aber Tausende von konventionellen Regeln und untergeordneten Übungen, die von den sogenannten verschiedenen Religionen vorgeschrieben werden. Einige rühren nur von persönlichen Meinungsverschiedenheiten her und fallen daher nicht weiter ins Gewicht (obgleich sie einen gewissen Zweck erfüllen mögen), und andere ergeben sich von selbst, wenn man diese Methode anwendet, und brauchen daher im begrenzten Rahmen dieses Buches nicht näher erläutert zu werden.

Die wissenschaftliche Methode wirkt direkt auf die Lebenskraft ein

Die Überlegenheit dieser Methode besteht darin, daß sie genau auf das einwirkt, was uns an unser begrenztes Ich bindet: auf die *Lebenskraft.* Anstatt in das unendliche bewußte Selbst zurückzufließen und von ihm aufgenommen zu werden, verströmt sich die Lebenskraft ja meist nach außen, hält Körper und Geist ununterbrochen in Bewegung und die Seele durch körperliche Empfindungen und umherschweifende Gedanken in ständiger Unruhe.

Und weil die Lebenskraft nach außen strömt, stören und entstellen die Sinneswahrnehmungen und Gedanken das ruhige Ebenbild des Selbst oder der Seele. Diese Methode lehrt uns nun, die Lebenskraft nach innen zu lenken. Es handelt sich also um einen *direkten* Weg, der uns *unmittelbar* zum Bewußtseinszustand der Glückseligkeit führt und keinen Vermittler benötigt.

Die Lebenskraft wird nämlich dadurch beherrscht und gelenkt, daß man auf eine bekannte und unmittelbar mit ihr zusammenhängende Lebensäußerung einwirkt. Die anderen Methoden dagegen bedienen sich des Verstandes oder Denkvorgangs, um die Lebenskraft zu lenken und sich des Selbst, d.h. des Zustands der Glückseligkeit, bewußt zu werden.

Alle religiösen Methoden aber lassen erkennen, daß sie direkt oder indirekt, offen oder verschleiert die Beherrschung, Regulierung und Umkehrung der Lebenskraft anstreben, damit wir Körper und Geist überwinden und in den Urzustand des Selbst eingehen können. Die vierte Methode reguliert die Lebenskraft durch die Lebenskraft, während die anderen Methoden dies mittelbar, d.h. durch irgendeinen Vermittler, tun müssen – durch Gedanken, Gebete, gute Werke, Anbetung oder den «bewußten Schlaf».

Leben bedeutet für uns Dasein, Abwesenheit von Leben Tod. Daher muß die Methode, die einem Gewalt über die Lebenskraft verleiht, von der alles Leben abhängt, die beste sein.

Die Weisen verschiedener Länder und Zeitalter haben verschiedene Wege beschritten und sich jeweils dem geistigen Fassungsvermögen und den Lebensbedingungen des Volkes, unter dem sie lebten, angepaßt. Einige haben besonders das Gebet hervorgehoben, andere an das Gefühl appelliert, wieder andere haben gute Werke, Nächstenliebe, tiefes Denken oder Meditation empfohlen. Ihr Beweggrund war jedoch immer der gleiche.

Sie alle wußten, daß man sein Bewußtsein über den Körper hinausheben kann, wenn man die Lebenskraft nach innen lenkt; sie alle wußten, daß man sein wahres Selbst finden muß, bis man es so klar widergespiegelt sieht wie die Sonne in einem stillen See. Alle ihre Vorschriften streben dasselbe Ziel an, das die vierte Methode direkt – d.h. ohne Hilfe eines Vermittlers – lehrt.

Diese Übungsmethode beeinträchtigt jedoch in keiner Weise die verstandesmäßige Entwicklung oder die körperliche Gesundheit und hindert einen auch nicht daran, ein nützliches Leben innerhalb der menschlichen Gesellschaft zu führen – ein Leben, das von den besten Gefühlen und Motiven regiert wird und bestrebt ist, der Menschheit zu helfen. Eine *allseitige* Schulung sollte sogar jedem empfohlen werden, denn sie fördert das Üben dieser Methode eher, als daß sie es erschwert. Verlangt wird nur, daß man sein Ziel nicht aus den Augen verliert. Dann wird einem alles, was man unternimmt, zum Vorteil gereichen.

Das Wichtigste ist, daß man die geheimnisvolle Rolle der Lebenskraft, die den menschlichen Körper am Leben erhält und ihn mit Energie versorgt, voll und ganz versteht.

5. Werkzeuge der Erkenntnis und theoretischer Wert der religiösen Methoden

In den vorhergehenden Kapiteln haben wir die Universalität und Notwendigkeit des religiösen Ideals (des ewig bestehenden, ewig bewußten, glückseligen Gottes) und die Möglichkeit der praktischen Verwirklichung besprochen. Jetzt wollen wir die verschiedenen Methoden auf ihren Wert hin untersuchen.

Es handelt sich hauptsächlich um praktische Methoden; wer sie befolgt, wird sein Ideal zweifellos erreichen, selbst wenn er sich nicht mit der theoretischen Seite befaßt. Denn der Wert dieser Methoden liegt in ihren praktischen Ergebnissen, die greifbar und wirklich sind.

Es wäre aus diesem Grunde gar nicht nötig, ihren Wert durch theoretische Erklärungen zu bekräftigen. Wir tun dies nur, um den Leser auch in dieser Hinsicht zu befriedigen und ihm zu zeigen, daß sich ihre Gültigkeit auch theoretisch beweisen läßt.

Dies wirft die erkenntnistheoretische Frage auf: wie und inwieweit läßt sich das Ideal oder die Wahrheit überhaupt begreifen? Um zu wissen, wie wir unser Ideal erkennen können, müssen wir uns zunächst einmal fragen, wie wir die Welt erkennen, worin der Vorgang des Erkennens eigentlich besteht. Dann erst können wir feststellen, ob wir auf dieselbe Weise auch zur Erkenntnis unseres Ideals gelangen können, ob die wirkliche Welt vom Ideal getrennt ist oder ob beide einander durchdringen und sich nur die Erkenntnisvorgänge unterscheiden.

Ehe wir weitergehen, wollen wir die «Werkzeuge» der Erkenntnis näher untersuchen, d.h. die Methoden, durch die es uns möglich wird, die Welt zu erkennen. Es gibt drei Werkzeuge oder Wege des Erkennens: *Wahrnehmung, Schlußfolgerung* und *Intuition*.

Erkenntniswerkzeug Wahrnehmung

Unsere Sinne sind sozusagen die Fenster, durch welche die Reize der Außenwelt eindringen und auf den Geist einwirken, der diese Eindrücke passiv entgegennimmt. Nur wenn der Geist tätig ist, können ihm die durch die Sinnesfenster eintretenden Reize Eindrücke vermitteln.

Der Geist leitet nicht nur die verschiedenen Sinnesreize weiter, sondern speichert sie auch als Eindrücke auf. Doch diese Eindrücke bilden zunächst ein wirres Durcheinander, bis die Kraft der Unterscheidung *(Buddhi)* sie zu ordnen beginnt. Dann erst entsteht ein sinnvoller Zusammenhang, und die Gegenstände der Außenwelt werden als solche erkannt. Sie werden sozusagen projiziert und innerhalb der Formen von Zeit und Raum erfaßt – und zwar mit bestimmten Assoziationen wie Quantität, Qualität, Maß und Bedeutung. So wird z.B. ein Haus als Haus erkannt und nicht als Säule. Dies ist das Ergebnis der Unterscheidungksraft *(Buddhi)*.

Wir können einen Gegenstand sehen, fühlen und

hören (wenn er angeschlagen wird), wobei unser Geist diese Eindrücke empfängt und speichert. *Buddhi* deutet sie und projiziert sie in Zeit und Raum, z.B. in Form eines Hauses mit seinen verschiedenen Bestandteilen und Merkmalen (Größe, Bauart, Farbe, Form und Stil). Auf diese Weise beginnen wir die Welt zu erkennen.

Ein geistesgestörter Mensch speichert zwar auch Eindrücke, aber sie bilden ein Chaos in seinem Geist – sie werden nicht von der Unterscheidungskraft sortiert und in bestimmte, wohlgeordnete Gruppen eingeteilt.

Jetzt erhebt sich die Frage: Kann die Wirklichkeit (der ideale, ewig bewußte, ewig bestehende Gott der Glückseligkeit) durch diese Art Wahrnehmung erkannt werden? Ist der Wahrnehmungsvorgang, durch den man diese Welt erkennt, auch wirksam, wenn es darum geht, die höchste Wahrheit zu schauen?

Wir wissen, daß die Unterscheidungskraft nur mit dem Material arbeiten kann, das ihr von den Sinnen geliefert wird. Und die Sinne vermitteln uns nur die Reize, die mit der unterschiedlichen Beschaffenheit der Gegenstände zu tun haben. Doch nicht nur die Sinne befassen sich mit Unterschieden, auch der Verstand beschäftigt sich mit Verschiedenheiten und verbleibt im Bereich der Mannigfaltigkeit. Obgleich er sich die «Einheit in der Mannigfaltigkeit» vorstellen kann, kann er nicht eins mit ihr werden. Und hierin liegt seine Beschränkung. Intellektuelle Wahrnehmungen können uns nicht das wahre Wesen der einen universellen Substanz enthüllen, die den verschiedenen Manifestationen zugrunde liegt.

Und damit ist bereits das Urteil über den Verstand gefällt. Wenn *Buddhi* auf sich selbst angewandt wird, wenn er beurteilen soll, inwieweit er fähig ist, die Wirklichkeit durch Deutung der Sinneswahrnehmungen zu erkennen, sieht er sich hoffnungslos im Bereich der Sinne eingeschlossen. Da ist keine Lücke, durch die er in die Welt des Übersinnlichen blicken könnte.

Einige mögen hier einwenden, daß man die Sinneswelt nicht von der übersinnlichen Welt absondern solle, weil sich der menschliche Verstand sonst nur schwer davon überzeugen lasse, daß auch das Übersinnliche erkennbar sei. Sie sagen, daß wir uns das Übersinnliche nur als etwas, das sich durch die Sinne kundgibt, vorzustellen brauchten; dann könnten wir, indem wir mit dem Verstand die Sinneswelt in ihren Einzelheiten und Unterschieden sowie in ihrem Zusammenhang (Teleologie oder Zweckmäßigkeit) erfassen, zugleich auch das Übersinnliche erkennen, das sich als «Einheit in der Mannigfaltigkeit» manifestiere.

Nun könnte man fragen: Was für eine Art von «Erkenntnis» ist dies? Handelt es sich lediglich um eine Vorstellung im Gehirn, oder *schaut* man die Wahrheit (die Einheit in der Mannigfaltigkeit) von Angesicht zu Angesicht? Vermittelt einem diese Erkenntnisweise dieselbe Überzeugung, die man hat, wenn man eins mit ihr ist? Sicher nicht, denn diese Erkenntnis ist Stückwerk und daher unzulänglich. Es ist, als ob man durch ein farbiges Glasfenster schaute. Dies sind die Einwände, die von vornherein dagegen sprechen, daß man durch Wahrnehmung die letzte Wirklichkeit (Gott) zu erkennen vermöge.

Aus unserer eigenen Erfahrung der inneren Stille wissen wir, daß wir den glückseligen Zustand, der die Wirklichkeit oder das Ideal selbst ist, nur dann erreichen können, wenn wir uns merklich von den Sinneswahrnehmungen gelöst haben. Je mehr es uns gelingt, störende Wahrnehmungen und Gedanken abzuschalten, um so näher kommen wir dem übersinnlichen Zustand der Glückseligkeit – dem glückseligen Gott.

Erfahrungsgemäß können wir also sagen, daß sich gewöhnliche Wahrnehmungen und Glückseligkeit gegenseitig auszuschließen scheinen. Da sich jedoch keine unserer Methoden auf bloße Wahrnehmung gründet, ist der Umstand, daß diese die Wirklichkeit nicht erkennen kann, für uns belanglos.

Erkenntniswerkzeug Schlußfolgerung

Dies ist eine andere Methode, durch die man Kenntnis von der Welt erlangen kann. Doch jede Schlußfolgerung, sei sie nun deduktiv oder induktiv, gründet sich auf Erfahrung – d.h. auf Wahrnehmung. Wir wissen aus Erfahrung, daß Feuer Rauch verursacht. Wenn wir daher Rauch sehen, schließen wir daraus, daß es brenne. Das ist deduktive Schlußfolgerung, die aber nur aufgrund der vorherigen Erfahrung (Wahrnehmung), daß Feuer Rauch verursacht, möglich wird. In der induktiven Schlußfolgerung finden wir die gleiche Abhängigkeit von der Wahrnehmung.

Wir haben beobachtet, daß ein bestimmter Bazillus Cholera verursacht. Wir haben eine ursächliche Beziehung zwischen diesem Bazillus und der Cholerakrankheit festgestellt und schließen unverzüglich daraus, daß überall, wo dieser Bazillus vorkommt, auch Cholera auftreten müsse. Obgleich man hier von früheren Cholerafällen auf die noch ungeschehenen Fälle schließt, ergibt sich durch die Schlußfolgerung keine neue Tatsache; es handelt sich lediglich um neue Fälle. Schon die Vermutung einer kausalen Beziehung zwischen bestimmten Bazillen und der Cholera ist von der Beobachtung (Wahrnehmung) besonderer Fälle abhängig.

Jede Schlußfolgerung hängt also letztlich von Wahrnehmungen ab. Wenn wir eine Schlußfolgerung ziehen, erkennen wir keine neue Wahrheit – d.h., wir erfahren nichts, was wirklich neu für uns wäre, was wir nicht schon irgendwann einmal in ähnlicher Weise beobachtet hätten. In den beobachteten Fällen wurde die Cholera durch Bazillen hervorgerufen, und in den daraus gefolgerten Fällen entsteht Cholera ebenfalls durch Bazillen; es handelt sich also um keine neue Wahrheit, sondern nur um neue Beispiele.

Ganz gleich, mit welchen Gedanken, Überlegungen, Schlußfolgerungen oder Vorstellungen wir arbeiten, wir sehen die Wahrheit immer noch nicht von Angesicht zu Angesicht. Unser Denken, oder unsere Vernunft, kann alle gemachten Erfahrungen ordnen und in ein System bringen. Es kann versuchen, alle Dinge als eine Einheit zu betrachten. Es kann versuchen, das Geheimnis des Universums zu entschleiern. Doch all diese Bemühungen scheitern an den Gegenständen, mit denen es zu tun hat – den Erfahrungen und Sinneseindrücken. Diese sind, wegen unseres begrenzten Wahrnehmungsvermögens, mangelhaft, grob und unzusammenhängend. Der Fluß unseres Denkens wird durch sie mehr gestört als gefördert.

Die erste religiöse Methode, die wir beschrieben haben, ist die des Verstandes, der sich der Wirklichkeit – dem Zustand der Glückseligkeit – allein durch das Denken zu nähern versucht. Doch sie führt uns nicht zum Ziel. Körperliche Empfindungen stören uns, und die Gedanken, die mit verschiedenen Sinneseindrükken beschäftigt sind, verhindern jede längere Konzentration. Folglich können wir das Bewußtsein der Einheit in der Mannigfaltigkeit nicht erreichen. Der Vorteil der verstandesmäßigen Methode ist, daß wir in unsere eigene Gedankenwelt versunken sind und die körperlichen Empfindungen – wenigstens bis zu einem gewissen Grade – abschalten können. Doch hält dieser Zustand nie lange an.

Bei den anderen beiden Methoden, derjenigen der Hingabe und der Meditation, tritt das Denken in den Hintergrund, obgleich es nicht aufhört. Die Methode der Hingabe (liturgische Handlungen und das gemeinsame oder persönliche Gebet) hält die Gedanken noch stark damit beschäftigt, die richtigen Voraussetzungen zu schaffen. Immerhin aber versucht man sich auf einen Gegenstand der Anbetung zu konzentrieren.

Vorausgesetzt, daß es gelingt, die Gedanken zu zügeln oder abzuschalten, kann der Weg der Hingabe gute Ergebnisse bringen. Der Nachteil ist nur der, daß sich viele unserer Gewohnheiten im Laufe von Inkarnationen verhärtet haben und daß wir uns deshalb nicht tief genug konzentrieren können. Schon bei der geringsten Störung werden wir von neuen Gedanken abgelenkt.

Bei der Methode der Meditation (bei der man sich von allen äußeren Formen der Anbetung gelöst hat, so daß die Gedanken nicht mehr so leicht abgelenkt werden wie bei der Methode der Hingabe) richtet sich die Konzentration nur auf einen geistigen Gegenstand. Dadurch entwickelt sich allmählich das Verlangen, das Reich der Gedanken hinter sich zu lassen und in die Sphäre der Intuition vorzudringen; und diese wollen wir als nächstes besprechen.

Erkenntniswerkzeug Intuition

Bisher haben wir über die Werkzeuge und Methoden gesprochen, durch die wir die Sinneswelt erkennen können. Intuition, mit der wir uns jetzt befassen, ist die Kraft, mit der wir die übersinnliche Welt – die Welt jenseits der Sinne und Gedanken – erfassen können. Es stimmt zwar, daß das Übersinnliche sich durch die Sinne Ausdruck verschafft und daß man durch deren vollständige Kenntnis auch jenes kennenlernt; dennoch handelt es sich um zwei verschiedene Ebenen.

Sind wir übrigens in der Lage, die gesamte Sinneswelt durch Wahrnehmung und Denken zu erfassen? Ganz gewiß nicht. Es gibt eine Unmenge von Tatsachen, Erscheinungen, Gesetzen und Zusammenhängen in der Natur und selbst in unserem eigenen Organismus, die für uns noch ein Buch mit sieben Siegeln sind. Daraus müssen wir schließen, daß wir noch viel weniger imstande sind, die übersinnlichen Bereiche allein durch Wahrnehmungen und Gedanken zu erfassen.

Intuition kommt von innen, Gedanken kommen von außen. Die Intuition ermöglicht eine unmittelbare Anschauung der Wirklichkeit, während die Gedanken nur eine mittelbare Sicht von ihr verschaffen. Die Intuition sieht die Wirklichkeit – aufgrund einer beachtlichen Gleichgestimmtheit – in ihrer Ganzheit, während die Gedanken nur Stückwerk liefern.

Jeder Mensch besitzt nicht nur Verstand, sondern auch Intuition. Ebenso wie man sein Denken ausbilden kann, so kann man auch seine Intuition entwikkeln. Wenn wir uns von ihr leiten lassen, leben wir in Harmonie mit der Wirklichkeit – mit der Welt der Glückseligkeit, mit der «Einheit in der Mannigfaltigkeit», mit den inneren Gesetzen, welche die geistige Welt regieren, mit Gott selbst.

Wodurch wissen wir, daß wir existieren? Etwa durch die Sinneswahrnehmungen? Sind es in erster Linie die Sinne, die uns mitteilen, daß wir existieren? Das ist unmöglich, denn die Tatsache, daß die Sinne uns Kenntnis von unserem Dasein geben, setzt das Bewußtsein des Daseins bereits voraus. Die Sinne können sich nicht irgendwelcher Empfindungen bewußt sein, ohne daß wir bereits wissen, daß wir existieren.

Oder sind es unsere Gedanken und Schlußfolgerungen, die uns Kenntnis von unserem Dasein geben? Gewiß nicht. Denn die Gedanken bedienen sich ja der Sinneseindrücke, die uns – wie wir soeben festgestellt haben – nicht mitteilen können, daß wir existieren, weil sie dieses Bewußtsein bereits voraussetzen. Noch kann uns der Denkvorgang das Bewußtsein des Daseins verleihen, weil dieses Bewußtsein schon darin enthalten ist. Wenn wir uns mit der Außenwelt vergleichen, schließen wir daraus, daß wir in ihr existieren; doch um diese Schlußfolgerung überhaupt ziehen zu können, müssen wir bereits ein Daseinsgefühl haben.

Wenn sowohl Sinne als auch Gedanken unzulänglich sind, wodurch wissen wir dann aber, daß wir existieren? Nur durch Intuition! Sie liegt jenseits der Sinne und Gedanken – denn diese werden erst durch sie möglich gemacht.

Es ist durchaus nicht leicht zu definieren, was Intuition eigentlich ist, denn sie steht einem jeden von uns viel zu nahe. Wir alle fühlen sie. Wir alle wissen, daß wir existieren. Es ist etwas so Selbstverständliches, daß es gar keine Definition zuläßt. Fragt man irgendjemanden, woher er wisse, daß er existiere, wird er die Antwort schuldig bleiben. Er weiß es, aber er kann es nicht erklären. Wenn er es dennoch versucht, kann er immer noch nicht ausdrücken, was er innerlich fühlt. Jede Art von Intuition weist dieses charakteristische Merkmal auf.

Die im letzten Kapitel erklärte vierte Methode beruht auf Intuition. Je ernsthafter wir uns mit ihr befassen, um so klarer wird unsere Sicht, und um so eher werden wir die Wirklichkeit – Gott – schauen können.

Allein durch Intuition gelangt man vom Menschlichen zum Göttlichen, kann man eine Verbindung zwischen den Sinnen und der übersinnlichen Welt herstellen und *fühlen*, daß sich diese in den sinnlichen Erscheinungen offenbart. Dann haben die Sinne keine Macht mehr über uns, alle lästigen Gedanken fliehen, und man erlebt den Gott der Glückseligkeit, d.h. die Erkenntnis, daß «alle in Einem leben und Einer in allen lebt», dämmert in uns auf. Alle Weisen und Propheten besitzen diese Intuition.

Auch der in Teil 2 beschriebene Weg der Meditation führt uns bei intensivem Üben ins Reich der Intuition. Aber es ist ein Umweg, und man braucht gewöhnlich länger, um die Stufen der intuitiven Verwirklichung zu erreichen.

Durch Intuition kann man Gott in all Seinen Ausdrucksformen erkennen

Durch Intuition können wir also Gott in allen Seinen Ausdrucksformen erkennen, während unsere Sinne uns diese Erkenntnis nicht vermitteln können. Die Sinne geben uns nur Kenntnis von Seinen Offenbarungen. Weder Gedanken noch Schlußfolgerungen befähigen uns, Ihn als das zu erkennen, was Er wirklich ist. Denn Gedanken und Schlußfolgerungen sind auf das von den Sinnen gelieferte Zeugnis angewiesen und können diese Grenze nicht überschreiten. Sie vermögen nur die Sinneseindrücke zu ordnen und zu deuten.

Was die Sinne nicht zustandebringen, das leisten auch die von ihnen abhängenden Gedanken nicht; sie können uns nicht zu Gott führen. Wir müssen uns also auf unsere Intuition verlassen, wenn wir Gott als

Glückseligkeit oder als irgendeine andere Ausdrucksform erkennen wollen.

Nun gibt es aber viele Hindernisse, die uns den Weg zu dieser intuitiven Schau, zur Verwirklichung der Wahrheit, versperren: Krankheit, Geistesschwäche, Zweifel, Trägheit, weltliche Gesinnung, falsche Vorstellungen und Wankelmut.

Diese Eigenschaften können erblich bedingt sein oder auch durch falschen Umgang hervorgerufen oder verschärft werden. Die uns angeborenen Neigungen *(Samskaras)* zu gewissen Schwächen können durch bewußte Anstrengungen *(Puruschakara)* überwunden werden. Unser Wille ist machtvoll genug, um aller Schwächen Herr zu werden. Wenn wir uns ehrlich bemühen und Umgang mit echten Gottsuchern pflegen, wird es uns gelingen, mit unseren schlechten Gewohnheiten zu brechen und neue, gute Gewohnheiten anzunehmen. Nur wenn wir Umgang mit solchen Menschen suchen, die uns diese wahre Religion auch vorleben, werden wir schließlich ermessen können, was sie bedeutet und worin ihre Universalität und allgemeine Notwendigkeit besteht.

Uns allen ist der Drang nach Erkenntnis eingeboren. Jeder Mensch ist ein Wahrheitssucher, denn die Wahrheit ist unser unveräußerliches Erbteil, nach dem wir – bewußt oder unbewußt – immer suchen werden, bis wir es uns ganz angeeignet haben. Es ist nie zu spät, ein neues Leben zu beginnen. «Suchet, so werdet ihr finden, klopfet an, so wird euch aufgetan.»[1]

1 Matthäus 7, 7

Anhang

I. Über den Autor

«Paramahansa Yogananda brachte in seinem Leben das höchste Ideal der Gottesliebe und des Dienstes an der Menschheit zum Ausdruck . . . Obgleich er den größten Teil seines Lebens außerhalb Indiens verbrachte, gehört er zu unseren großen Heiligen. Sein Werk breitet sich mehr und mehr aus und wird zu einem immer helleren Licht, das den Menschen aller Länder auf ihrer Pilgerreise zu Gott den richtigen Weg weist.»

Mit diesen Worten ehrte die indische Regierung den Gründer der *Self-Realization Fellowship/Yogoda Satsanga Society of India* anläßlich der Herausgabe einer Gedenkbriefmarke am 7. März 1977, dem 25. Jahrestag seines Ablebens.

Paramahansa Yogananda begann sein Lebenswerk 1917 in Indien, wo er eine Knabenschule für richtige Lebensweise gründete, in der er moderne Erziehungsmethoden mit Yogaunterricht und geistigen Idealen verband. 1920 wurde er nach Boston eingeladen, wo er als Delegierter Indiens am internationalen Kongreß der religiösen Freidenker teilnahm. Seine darauf folgenden Vorträge in Boston, New York und Philadelphia wurden mit Begeisterung aufgenommen; 1924 unternahm er eine Vortragsreise durch die ganzen Vereinigten Staaten.

Während des nächsten Jahrzehnts reiste Paramahansaji viel, hielt Vorträge und Ansprachen und führte Tausende in die Yoga-Wissenschaft der Meditation und eine ausgeglichene geistige Lebensweise ein. 1925 gründete er das internationale Mutterzentrum der *Self-Realization Fellowship* in Los Angeles. Heute wird das geistige und humanitäre Werk, das Paramahansa Yogananda begonnen hat, unter der Führung einer seiner größten Jüngerinnen, Sri Daya Mata (der Präsidentin der *Self-Realization Fellowship*), weitergeführt. Neben der Veröffentlichung von Paramahansa Yoganandas Schriften, Vorträgen und Ansprachen (einschließlich einer umfangreichen Serie gedruckter Lehrbriefe über die Wissenschaft der Kriya-Yoga-Meditation) verwaltet das Mutterzentrum die Tempel, Stätten der inneren Einkehr und Meditationszentren der *Self-Realization Fellowship* in allen Teilen der Welt und bildet Ordensleute aus. Ein weltweiter Gebetskreis dient dazu, denen, die der Gebetshilfe bedürfen, heilende Schwingungen zu senden und größeren Frieden und Harmonie zwischen allen Ländern herbeizuführen.

Quincy Howe jun., Ph.D., Professor für alte Sprachen am *Scripps College,* schrieb: «Paramahansa Yogananda brachte dem Westen nicht nur Indiens zeitlose Botschaft der Gottverwirklichung, sondern auch eine praktische Methode, mit der Wahrheitssucher aller Gesellschaftsschichten das ersehnte Ziel in absehbarer Zeit erreichen können. Obwohl das geistige Vermächtnis Indiens im Westen zwar ursprünglich geschätzt wurde, aber abstrakt und unerreichbar schien, vermittelt es jetzt all denen, die Gott nicht erst im Jenseits, sondern hier und jetzt finden wollen, Übungsmethoden und eigene Erfahrung ... Yogananda hat allen den Zugang zu den höchstentwickelten Methoden der Kontemplation geöffnet.»

Leben und Lehre Paramahansa Yoganandas werden in seiner *Autobiographie eines Yogi* beschrieben. Seit dieses Buch 1946 veröffentlicht wurde, ist es ein klassisches Werk auf diesem Gebiet geworden und wird heute an vielen Universitäten und höheren Schulen als Textbuch und Nachschlagewerk verwendet.

II. Paramahansa Yogananda – ein Yogi im Leben und im Tod

Am 7. März 1952 hielt Paramahansa Yogananda in Los Angeles/Kalifornien auf einem Bankett, das zu Ehren des indischen Botschafters, Seiner Exzellenz Binay R. Sen, veranstaltet wurde, eine Ansprache. Unmittelbar danach ging er in den *Mahasamadhi* ein (das ist der endgültige und bewußte Austritt eines Yogis aus seinem Körper).

Der große Weltlehrer bewies nicht nur während seines Lebens, sondern auch noch im Tode die Wirksamkeit des Yoga (der wissenschaftlichen Techniken, die zur Gottvereinigung führen). Noch mehrere Wochen nach seinem Hinscheiden leuchtete sein unverändertes Antlitz in einem göttlichen Glanz – unberührt von jeder Verwesung.

Harry T. Rowe, der Direktor des Friedhofs von *Forest Lawn Memorial Park* in Los Angeles (wo der Körper des großen Meisters vorübergehend ruht), sandte der *Self-Realization Fellowship* eine beglaubigte Urkunde, der wir hier folgende Auszüge entnehmen:

«Das Ausbleiben jeder Verfallserscheinung am Leichnam Paramahansa Yoganandas stellt den außergewöhnlichsten Fall in allen unseren Erfahrungen dar ... Selbst zwanzig Tage nach seinem Tode war kein Zeichen einer körperlichen Auflösung festzustellen ... Die Haut zeigte keine Spuren von Verwesung, und im Körpergewebe ließ sich keine Austrocknung erkennen. Ein solcher Zustand von Unverweslichkeit ist, soweit wir aus Friedhofsannalen wissen, einzigartig ... Als uns Yoganandas Körper übergeben wurde, erwarteten die Friedhofsbeamten, daß sich allmählich, wie bei jedem Leichnam, die üblichen Verfallserscheinungen einstellen würden. Mit wachsendem Erstaunen sahen wir jedoch einen Tag nach dem anderen verstreichen, ohne daß der in einem gläsernen Sarg liegende Körper irgendeine sichtbare Veränderung aufwies. Yoganandas Körper befand sich anscheinend in einem phänomenalen, unverweslichen Zustand ...

Kein Verwesungsgeruch konnte während der ganzen Zeit an seinem Körper wahrgenommen werden ... Die körperliche Erscheinung Yoganandas war am 27. März, kurz bevor der Bronzedeckel auf den Sarg gelegt wurde, die gleiche wie am 7. März. Er sah am 27. März genauso frisch und vom Tode unberührt aus wie am Abend seines Todes. Es lag also am 27. März keine Veranlassung vor zu behaupten, daß sein Körper auch nur das geringste Zeichen der Zersetzung aufweise. Aus diesem Grunde möchten wir nochmals betonen, daß der Fall Paramahansa Yoganandas unseres Wissens einzigartig ist.»

III. Ziele und Ideale der Self-Realization Fellowship

dargelegt von ihrem Gründer Paramahansa Yogananda
Sri Daya Mata, Präsidentin

Menschen aller Nationen mit bestimmten, wissenschaftlichen Techniken bekannt zu machen, die zur unmittelbaren, persönlichen Gotteserfahrung führen;

zu lehren, daß der Sinn des Lebens in der Höherentwicklung des begrenzten menschlichen Bewußtseins liegt, bis es sich aus eigener Kraft zum Bewußtsein Gottes erweitert, und zu diesem Zweck Tempel der *Self-Realization Fellowship* in aller Welt zu errichten, in denen wahre Gottverbundenheit gepflegt wird, und die Menschen außerdem anzuregen, sich in ihrem eigenen Heim und Herzen einen Tempel Gottes zu schaffen;

darzulegen, daß das ursprüngliche, von Jesus Christus gelehrte Christentum und der ursprüngliche, von Bhagavan Krischna gelehrte Yoga im wesentlichen völlig übereinstimmen und daß ihre Prinzipien der Wahrheit die wissenschaftliche Grundlage aller echten Religionen bilden;

auf den schnellsten Weg zu Gott hinzuweisen, in den alle wahren religiösen Wege schließlich einmünden: den Weg täglicher, wissenschaftlicher und hingebungsvoller Meditation über Gott;

die Menschen von ihrem dreifachen Leiden: körperlicher Krankheit, geistiger Unausgeglichenheit und seelischer Blindheit zu befreien;

die Menschen zu einem einfacheren Leben und tieferen Denken anzuregen und unter allen Völkern den Geist wahrer Brüderlichkeit zu verbreiten, indem ihnen die Erkenntnis vermittelt wird, daß alle Menschen Kinder des einen Gottes sind;

die Überlegenheit des Geistes über den Körper und der Seele über den Geist zu beweisen;

Böses durch Gutes, Leid durch Freude, Grausamkeit durch Güte, Unwissenheit durch Weisheit zu besiegen;

Wissenschaft und Religion durch die Erkenntnis, daß beide auf denselben Gesetzen beruhen, miteinander in Einklang zu bringen;

die geistige Verständigung und den kulturellen Austausch zwischen Morgen- und Abendland zu fördern;

der ganzen Menschheit als dem eigenen, erweiterten Selbst zu dienen.

Werke von Paramahansa Yogananda und seinem Meister Sri Yukteswar im Otto Wilhelm Barth Verlag:

Paramahansa Yogananda: *Autobiographie eines Yogi,* überarbeitete Neuausgabe 1993, 528 Seiten, 40 Abb.

Paramahansa Yogananda: *Meditationen zur Selbst-Verwirklichung,* überarbeitete Neuausgabe 1995, 120 Seiten

Paramahansa Yogananda: *Wissenschaftliche Heilmeditationen,* überarbeitete Neuausgabe 1995, 120 Seiten

Paramahansa Yogananda: *Worte des Meisters,* überarbeitete Neuausgabe 1993, 120 Seiten

Jnanavatar Swami Sri Yukteswar Giri: *Die Heilige Wissenschaft,* überarbeitete Neuausgabe 1993, 128 Seiten